나는 연구하는 회사원입니다

나는 연구하는 회사원입니다

연구직 회사원이
부딪치는 필연적
―――― 고민들

나용주 지음

레인북

"정글에 온 걸 환영한다."

대학원 박사과정을 마치자마자 회사에 들어온 지 벌써 16년이 지났다. 한때는 교수가 되어 학생들을 지도하는 것이 꿈이었던 내가 한 회사에서 이렇게 오랫동안 시간을 보내게 될 줄은 상상도 하지 못했던 일이다. 취업을 한다고 했을 때 먼저 사회생활을 시작했던 대학 동기의 말은 "정글에 온 걸 환영한다"였다. 막연한 두려움을 안고 입사를 해보니 막상 피 튀기는 정글 속은 아니어서 다행이라고 생각했다. 회사에 가면 엄청 다를 줄 알았는데 어쩌면 돈 많이 받고 퇴근 시간도 잘 지켜지는 대학원 시절의 연장선처럼 느껴졌다. 첫인상은 그랬다. 소리 없는 전쟁터라는 생각은 들지 않았다. 같은 팀에 있는 사람들도 친절하고 퇴근 후엔 같이 영화도 보고 운동도 하고 술자리도 즐기는, 그야말로 즐거운 직장생활이었다.

조금씩 연차가 쌓이면서 마냥 시키는 일만 해도 되던 시절이 끝났다. 즐거웠던 주니어의 역할은 이제 그만 누릴 때가 되었다는 뜻이다. 어느 날 출근을 하니 팀장이 나에게 3명의 동료를 붙여주고, 앞으로 네가 잘 관리해서 성과를 내길 바란다고 했다. 그렇게 시작된 꼬마 리더의 역할은 쉽지 않았다. 맡은 일만 잘 해내면 되던 나에게 누군가를 관리하고 가르치는 것은 어색했다. 내가 잘하고 있는지 물어보았지만 돌아오는 대답은 명확하지 않았다.

종종 다른 팀 사람들 또는 협력을 해야 하는 팀과 갈등이 생기기도 했다. 한때는 매일매일 출근이 싫을 정도로 보는 것만으로도 스트레스가 되는 상사를 두고 일해야 했다. 마음이 잘 맞아서 늘 힘이 되어주던 동료의 퇴사가 안타까운 적도 있었다. 대학과 대학원에서 꼬박 10년을 보낸 것으로도 부족해서 새로운 기술을 계속 찾고 공부해야 했다.

그러다 몇 년 동안은 하고 싶은 일을 잔뜩 하면서 좋은 성과로 동료들에게 인정받는, 믿을 만한 사람이라는 인식을 주었다. 결과가 좋으니 동료들과 함께 조직의 성장을 이끈다는 자부심도 가졌다. 정말 '내 맘대로' 일이 꾸려지는 기쁨을 느꼈다. 회사에서 그럴듯한 상도 받아 보고 조만간 내 앞에 꽃길만 펼쳐질 것 같았다. 회사에서 선발하는 글로벌 인재 후보가 되어 한 달 내내 영어 교육을 받을 땐 금방이라도 주재원이 될 줄 알았다. 그러던 어느 날, 상사의 명령으로 하고 싶지 않다고 했던 연구주제를 떠맡고, 조직을 운영하면서 회사생활은 새로운 국면을 맞았다. 더 많은 갈등과 고민, 좌절감을 맛보았다. 그 와중에 좋은 동료들을 만나 인연을 만든 건 행운이었다. 억지로 떠맡은 연구 주제는 처음엔 싫었지만 일을 하려고 공부와 연구를 하다 보니 기술 전문성을 확장하는 기회가 되었다. 새로운 부서와의 협업 기회가 늘면서 비즈니스에 대한 시야도 넓어졌다. 이런 다이나믹한 조직생활 속에서 매년 목표를 세우고 실적을 챙겨야 한다. 비로소 동기가 말했던 정글의 의미를 이해할 수 있었다. 그렇게 나는 기술을 통해 회사에 기여하는 연구직 회사원이 되어갔다.

어떤 일이나 직급을 원한다고 쉽게 얻을 수 없었다. 때로는 시간이 걸렸지만, 간절히 원하면 어떻게든 기회가 오기도 했다. 이해할 수 없는 결정 속에서 소위 조직의 쓴맛과 단맛을 경험했다. 16년 넘게 난 여전히 첫 번째 회사를 계속 다니고 있다. 다양하지 않은 경험들로 인해 책의 내용들이 가진 한계는 명확하다. 그럼에도 어쩌면 이과 대학원을 졸업할 당시의 나처럼 막연한 생각과 기대를 가진 누군가에게 작은 도움이라도 주고 싶은 생각에 브런치에 올렸던 글들을 엮어보았다. "우리가 과학자인 줄 아니? 우린 회사원이야"라고 일침을 가하던 선배에게 발끈했던 직장인 1년 차 때의 나를 떠올려 보았다. 연구원이니까 연구만 잘하면 되는 줄 알았다. 순수한(또는 순진한) 마음으로 시작한 회사 생활은 나를 단련시키고 변화시켰다. 그렇게 어느새 회사의 중견 사원이 되었다. 이제는 연구직 회사원으로서 경험했던 필연적인 고민들을 다른 사람들과 나누고자 한다. 아무것도 모르는 신입사원에서 점차 선배가 되어 가면서 겪은 고민을 누군가와 나누고 싶은 것, 그리고 후배들은 내 경험을 거울삼아 비슷한 고민을 하지 않았으면 좋겠다는 것이 이 책으로 전하고 싶은 작은 바람이다. 한때는 회사 내부 게시판에 이런 내용들을 정리해서 익명으로라도 기고를 하는 것이 어떨까 하는 생각도 했었다. 유명세를 얻기보다 누군가에게 조금이라도 도움이 된다면 그것으로 충분하리라.

브런치에 기고한 글을 책으로 낼 수 있게 도와주고 기회를 준 레인북 곽유찬 님께 진심으로 감사의 마음을 전한다. 소중한 시간을 내어 감수해 주고 추천사를 써주신 지인들에게도 정말 고마운 마음이다. 묵묵히 옆에서 응원해 준 아내가 없었다면 이 책은 나오기 어려웠을 것이다. 무엇보다 아빠 책이 언제 나오냐며 하루가 멀게 궁금해했던 아들에게 이 책을 바친다.

목차

8

1장

세상의
모든 직장인들과
나누고 싶은
이야기

누군가 나에게, '당신의 꿈이 뭔가요?'를 묻는다면

언제부터인가 정확하진 않지만 내 인생의 희망 직업은 한량이다. 희망 직업이 한량이라니 참 우스운 일이다. 『한국 민족문화 대백과 사전』에서는 한량을 다음과 같이 정의하고 있다.

〈용비어천가〉에는 한량의 뜻을 풀이해 '관직이 없이 한가롭게 사는 사람을 한량이라 속칭한다.'고 하였다. 조선 초기의 한량은 본래 관직을 가졌다가 그만두고 향촌에서 특별한 직업이 없이 사는 사람을 가리키는 것이었다. 그러나 뒤에는 벼슬도 하지 못하고 학교에도 적籍을 두지 못해 아무런 속처屬處가 없는 사람을 가리키게 되었다. … 시대에 따라 그 뜻이 조금씩 달라졌지만, 부유하면서 직업과 속처가 없는 유한층遊閑層이라는 공통점이 있다.

보면 볼수록 탐나는 직업(?)이다. 돈도 있고 여유도 있으니 세상 부러울 게 없을 것 같지 않은가. 유유자적, 편하게 지낼 수 있다면 참 좋겠다. 그런데 한량이 되려면 어쨌든 먹고사는 데 큰 어려움이 없어야 한다. 아쉽게도 나는 그렇지 못하다.

원하는 것과 잘하는 것의 괴리

현실의 벽은 높으니 적어도 한량의 삶에 좀 더 근접한 일은 무엇이 있을까? 그리고 나의 적성을 살릴 수 있는 것은 무엇일까를 사뭇 진지하게 고민한 적이 있었다. 그 결과 나란 사람은 사진 찍는 것과 글 쓰기를 좋아하니, 이걸 조합해서 사진과 글이 있는 블로그를 운영하고 책도 쓰면 좋겠다는 결론을 내렸었다. 한때는 그런 목적으로 운영하던 홈페이지에 꽤 많은 손님이 드나들었고, 운이 좋게 부족한 작품임에도 높게 평가해 준 좋은 분의 도움 때문에 사진으로 돈을 버는 일도 했었다. 그런데 막상 부업이라도 일을 해보니 정작 좋아하는 것과 잘하는 것에는 차이가 있었다. 단순한 한량짓으로 끝나지 않고 돈벌이와 연결하려면 어떤 분야든지 전문가가 될 필요가 있었던 것이다. 의지와 욕심만으로는 쉽게 얻을 수 없는 것이었다.

또 하나 돌아보고 싶은 것은, 내가 하고 싶은 것에 대해 얼마나 노력을 들였던가 였다. 사진이든 글이든, 설사 돈을 벌지 않는다 해도 어떤 실력을 갖추기 위해서 공부와 노력이 필요했다. 다른 사람이 쓴 공감이 가는 글과 사진에는 다 이유가 있었다. 나에게 소질이 조금은 있었을지 몰라도, 그걸 더 발전시키고 남들보다 앞서가기 위해 필요했던 99% 노력을 과연 하긴 했었나 싶다.

내가 진짜로 원하는 게 뭐야?

직장인으로서의 삶. 나쁘지는 않다. 올해로 입사한 지 만 11년(이 글을 쓸 때의 연차다. 책을 쓰는 현재는 16년 차가 되었다), 다른 직장은 다녀본 적도 없고, 대학원 졸업을 하자마자 운 좋게 취업해서 이렇게 다니다 보니 10년이라는 시간이 훌쩍 지나가 버렸다. 나의 30대를 다 보낸 것이다. 한때는 연구자로서의 적성을 살리며 논문도 열심히 써봤고, 브랜드 기술 대사로 활동하면서 제품 출시 전에 필요한 홍보 영상에도 출연해 봤다. 회사 업무라는 것이 성과를 내는 재미도 있고, 기존에 없던 것을 만들어 가며 앞으로 나아간다는 즐거움이 있다. 업무의 특성상 어떤 부서는 앞에 나서서 화려한 조명을 받지만, 내가 일하는 팀처럼 뒤에서 도와주는 역할을 하기도 한다. 모든 조직과 구성원은 존재의 이유와 업무의 이유가 있다. 조직사회의 특성을 이해하지 못하면 이런 부서별 차이에 대해 불만을 가질 수도 있다. 나 역시 처음엔 이해하지 못하던 순간들이 있었다. 젊었을 때는 이것도 하나씩 배우는 것이라고 생각했지만 나이가 들면서는 이렇게까지 살아야 하나 싶은 순간이 생긴다. 옆 팀 팀장과 늘 하는 얘기다. 먹기 싫은 술, 가기 싫은 산, '자연인'인 나로서는 동의하기 어렵지만 '직장인'인 나로 대답해야 하는 답변들 등등. 이 또한 직장 생활의 묘미라고 해야 할지....

다만 불안할 뿐이다.

나도 이제 슬슬 제2의 직장 생활을 준비해야 할 필요를 느낀다. 언제까지 이곳에서 지금처럼 자리를 유지하며 지낼 수 있을까? 그것이 불안하다. 내 개인의 삶과 더불어, 나의 가족들이 함께하기 때문에 불안감은 더 증폭된다. 능력이 바닥나지 않게 끊임없이 비우고 채워야 하는데, 최근 열심히 책을 들여다보고자 하는 의지도 여기서 기인한 것이 아닐까 싶다. 그나마 나에 대한 희망적인 믿음이 있다면 아직까지는 내 능력이 완전히 고갈되지는 않은 것 같다. 10년은 더 '조직'에서 생산적인 사람으로 일하고 싶다.

직장에서 내가 멘토로 생각하는 선배가 어디서 들었다면서 이런 얘기를 하셨다. 이른바 '30년 일하기 계획'이다. 20년은 회사에서 열심히 일을 한다. 이 시기는 회사의 특성상 내가 원하지 않을 수도 있는 목표와 목적을 갖고 일하는 기간이다. 열심히 일을 하다가 20년이 지나고 나면 미련 없이 떠난다. 나머지 10년은 정말 원하는 일을 하면서 즐겁게 지내는 그런 삶이 멋지지 않겠냐고. 그래, 지금까지 온 기간만큼 조직에서 더 성장해 보고 멋지게 사표를 낸 후 나머지 10년을 내 의지대로 살아봐야지. 하지만 20년을 버티기만 하는 것이 아니라 주도적인 삶으로 채워야 한다고 생각한다. 오늘도 그런 다짐으로 불안을 잠재우고 조금 더 성장할 나를 믿어 본다.

변해가는 나

나른한 오후, 가장 친한 입사 동기 녀석이 보낸 메신저가 상태바에서 깜빡깜빡 거린다. 무슨 일인가 싶어 열어보니 확장자가 jpg 파일이다. 뭐지? 하고 궁금한 마음에 파일을 다운받는 도중 메신저에 도착한 온 동기의 한 마디. "누군가가 나를 발견하고 보내줬는데 거기 형의 모습이 있어서 보내요."

파일을 열어보니 가관이다. 촌스러운 디자인에 누런 색상의 상의를 단체로 맞춰 입고 다 같이 앞을 바라보고 있는 장면. 신입사원 연수 당시 CEO와의 대화 시간에 누군가 찍었던 사진이다. 십 년도 더 지난 추억을 돌이켜 보는 것도 잠시, 내게 전달된 두 장의 사진을 찬찬히 들여다보았다. 그중 한 장은 좀 더 크게 내 모습이 나와 있는데 살짝 졸고 있는 모습이다. 단지 우연히 눈을 감았을 때 찍혔다고 하기엔 너무나도 선명하게 졸린 모습이다. 갑자기 그래, 그때 그 시간에 참 졸렸었지 하던 기억이 났다.

이 사진을 누가 어디서 발견했는지 모를 일이다. 그때는 참 뭣도 모르던 시절이다. 대학원을 졸업하고 이제부터 돈을 벌 수 있게 되었다고 좋아했던 때가 엊그제 같은데, 벌써 그 회사를 다니며 시간을 보낸 지 오래다. 얼마 전 〈무한도전〉에서 '토토가2: 젝스키스' 편을 보았다. 수많은 소녀팬들을 거느리고 온 세상을 다 가진 것처럼 화려한 20대를 지나온 멤버들이, 이제는 2016년 현재를 사는 모습을 담담히 보여 준 장면이 기억에 남는다. 어느 멤버가 말했는지는 기억이 나지 않지만 예전에 자신감 있던 시절은 과거이고 지금은 새로운 것에 대한 두려움과 걱정이 많아진다는 내용의 멘트가 콕 박혔다. 모든 것에서 자신감 넘치던 전성기의 젝스키스는 사실 그 당시 나의 관심에서 매우 멀리 있었다. 이제 함께 나이가 들어 언뜻 삶에 찌든 현재의 그들에게서 팍팍한 현실을 살아가는 동시대인으로서의 동질감을 느꼈다.

입사 초반만 해도 온갖 회사 문화나 방침에 비판적이던 나였는데, 지금은 회사의 시스템을 이해하려고 애쓴다. 실제로 상사들의 행동이나 회사가 이해되곤 한다. 근래 몇 년 동안 가장 많이 들었던 말이 있다. "너 변했다.", "선배가 달라졌어요." 그 말에 반박하진 않는다. 나 역시 인정하니까.

어제 회사 식당에서 동료와 우연히 밥을 먹게 되었다. 그는 회사에서는 선배님이지만 같은 대학의 학부를 나온 후배이기도 해서 나를 오랫동안 알아 온 사람이다. 그 친구가 나보고 "오빠와 지난번 같이 얘기해 보니까 예전보다 많이 유柔해진 것 같아"라고 말했다.

"내가 옛날에 어땠길래?"

"글쎄 그건 잘 모르겠고 어쨌든 달라진 것 같아."

지난번에 어떤 대화가 있었기에 동료는 나에게 그런 말을 했던 것일까. 당시 우리 둘이 나눈 얘기는 같이 일하는 후배 사원들에 대한 (다분히 선배의 입장에서) 노골적인 뒷담화였다. 대화 도중 후배가 요즘 애들은 왜 이러냐고 말하길래 내가 겪었던 경험을 말해줬다. 내 경험과 생각을 얘기한 내용 중에 아마도 후배가 알고 있던, 그리고 그럴 것이라고 짐작했던 내 태도나 모습이 사뭇 달랐나 보다. 예전과 많이 달라진 나를 발견한 것이다. 회사에 다니면서 태도나 성격에 변화가 없었다면 그건 거짓말이다. 대부분 대학생 때 모습이 다르고, 대학원 때 다르고, 또 회사에서의 모습이 다르지 않을까? 사회생활이란 그런 것이라고 생각한다. 직장에서는 내 본모습을 숨기거나 180도 바뀌는, 그런 이중적인 인격 변화가 아니라 같이 일하는 사람들과의 갈등을 해결하기 위해 모났던 돌이 둥글둥글해진다는 의미이다. 느끼는 것이 있다면 변해야 할 의지는 따라오는 법이다.

작년에 글로벌 교육을 받은 이후, 주변 사람들로부터 많이 변했다는 말도 들었다. 남들에게 그동안 시니컬한 모습을 더 많이 보이는 캐릭터였는데, 그 교육을 듣고 좀 더 긍정적 마인드를 많이 가지게 된 건 인정한다. 돌이켜보면 주변 환경에 대해 불평하고 불만을 가질수록 힘든 건 본인 자신이었다. 단순한 무한 긍정은 아니고, 주어진 조건 속에서 최선의 결과를 얻기 위한 생각의 전환을 해야 할 필요가 있다는 것이다. 어떤 일이 주어졌을 때 시작부터 '왜 이런 걸 해야 해?'보다는 '어떻게 하면 잘해볼 수 있을까?'를 고민하는 것이 나와 주변을 모두 좋은 방향으로 이끌어 줄 수 있는 힘이 있다고 생각하게 된 것이다.

생각이 변하면 행동이 변하고, 그런 것이 자연스럽게 밖으로 드러난다. 그 친구가 느낀 점은 그런 것이 아니었을까. 연차가 쌓이고 누군가와 같이 일을 하면서 자연스레 그렇게 되어간다. 그것은 어쩌면 스스로 원한 것이었고 일부는 나도 모르게 물든 것이다. 혼자 살 때 보다 가족을 책임져야 한다는 의무감도 있을 테고, 나이 마흔이 넘어 새로운 것에 대한 과감한 도전보다는 안정된 시스템에서의 편안함을 더 바랐기 때문일 수도 있다. 또는 적어도 이 나이쯤 되면 내 얼굴과 이름에 책임을 질 수 있어야 한다는 생각이 더 강해졌기 때문일 것이다.

변해가는 모습이 당연하다고 생각되면서도 한 편으로 아쉽다. 과거에는 걱정이나 고민이 있었다 해도 나를 압도하지는 못했다. 나 잘난 맛으로 살아가던 나만의 전성기가 끝난 것은 아닌가 하는 미련 때문은 아닐까?

자기 계발의 길

회사에서 몇 년 전부터 사원들을 대상으로 중국어 학습 기회를 열어주고 있다. 중국 시장은 이제 필수적이고, 내가 다니는 회사도 중국에 이미 오래전부터 진출해 있는 까닭에 지속적으로 중국어에 대한 필요성은 높아져만 간다. 연구직으로 중국에 진출할 가능성은 얼마나 될까? 내부적으로는 주재원이라는 기회가 있다. 중국에 큰 공장과 연구시설이 있기 때문에 본인이 원하고 조직에서도 필요로 한다면 중국 근무가 가능하다. 만약 퇴사를 하고 중국에 있는 회사에 취직하는 것은 어떨까? 들리는 소문으로는 중국에서 공격적으로 한국 회사 출신의 사람들을 모셔간다고 한다. 중국 내에서도 경쟁이 치열하기 때문에 이미 검증받은 실력으로 단기간에 회사의 인프라를 갖추고자 하는 수요가 있다. 사내 중국어 수업은 그동안 많은 기회가 있었음에도 거들떠보지 않다가 올 초 무슨 마음이 동했는지 덜컥 신청을 했다. 아마도 다음과 같은 걱정이 앞섰던 것 같다.

상사: ○○○님, 중국어는 좀 하세요?

나: …아니요.

상사: …네(아무 준비도 안 하고 계시는군요).

아무도 나에게 물어본 적은 없지만 언제쯤 한 번은 이런 상황이 펼쳐질 것 같은 느낌? 그러고 보면 일종의 두려움 또는 걱정이었던 것 같다. 유창한 수준은 아니지만 그래도 영어로 버티려던 마음가짐을 이젠 좀 놓아버려야 할 때라는 촉이 온 것이다. 그 대안이 중국어라는 것. 솔직히 학습자 신청을 할 때만 해도 '하지 말까, 귀찮은데'라는 마음이 스멀스멀 올라왔었다. 한편으론 그래도 이 나이에 새로운 언어를 배워보겠다는 의지에 스스로 으쓱하기도 했다.

떨리는 마음으로 첫 수업을 들었다. 조금 배워보니 나름 한자를 공부하던 세대라서 완전히 낯설다는 느낌은 없어서 다행이었다. 발음이나 성조의 헷갈림보다는(오히려 외우면 되니까) 간체자라서 예전에 알던 그 모양이 아닌데 하는 낯섦이 더 먼저 다가왔다. 물론 지금처럼 한 6개월 배운 상태에선 '차라리 복잡한 글자보다는 간체자가 낫군, 하지만 발음과 성조가 어려워…'라는 생각으로 역전된 것은 아이러니다.

회사에서는 성장과 자기 계발을 위해 많은 교육 기회를 주고 있다. 신입사원을 채용해서 회사가 원하는 인재로 육성하는데 최소 1~2억이 든다는 계산도 있다. 5~6년 전만 해도 포인트 제도가 있어서 무조건 할당 목표를 채워야 하는 부담이 있었다. 연간 학습계획까지 세워가며 포인트를 채워야 하는데 한 번도 모자라서 애태운 적은 없다.

연중 갑자기 의무 교육들이 마구 생겨서 넘치는 일이 다반사였다. 몇 년 지나 그런 의무 포인트는 별로 의미가 없어서 완전히 자율화되었다. 그래도 꽤 많은 학습을 하게 된다.

아무리 바빠도, 회사에서 주는 교육의 기회를 통해 자기 계발을 게을리하거나 뒷전으로 미룰 필요는 없다고 본다. 기회비용 측면에서 보더라도 솔직히 자신한테 좋으면 좋지, 나쁜 일은 아니다. 가끔 의무 교육 참석이란 것이 있긴 하지만 그래도 나름의 장점은 있다. 예를 들면 복잡하고 바쁜 일상으로부터의 리프레시 같은 것 말이다.

언젠가 보았던 '회사에서 능력이 다하는 순간까지 승진한다'라는 말이 자꾸 나를 자극한다. 이 말의 핵심에는 승진을 하고 나면 이미 거기 도달하기 위해 능력을 다 써버렸기 때문에, 정작 승진한 위치에서는 제대로 일을 하지 못한다는 중의적인 뜻이 있다. 지금의 나도 계속해서 능력을 소진 시키고 있다. 언젠가는 그런 소진의 결과로 승진하겠지만, 승진에 사용된 능력은 이미 다 고갈된 상태일 것이다. 그러니 기회가 있을 때마다 쉬지 않고 자꾸 나의 빈 곳을 채워야 한다. 연차가 쌓여가니 부담이 자꾸 생긴다. 나처럼 게으른 사람에게도 마음의 부담을 어떻게든 상쇄시키고 싶은 의지가 생기는 것은 거대 조직에서 살아남고자 하는 생존의 본능과 욕구인지도 모르겠다.

우리는 각자 하고 싶은 말을 하고 살 뿐이다

위의 제목은 얼마 전 읽은 지대넓얕(『지적인 대화를 위한 넓고 얕은 지식』, 채사장 지음)의 머리말에 있는 문구다. 현대철학의 거물 비트겐슈타인은 그의 책 『철학적 탐구』에서 다음과 같이 말했다.

"사자가 인간의 말을 할 수 있다고 하더라도 우리는 그 말을 이해할 수 없다."

사자와 인간은 다르다. 삶의 방식이 다르기 때문이다. 즉 주어진 환경과 개인의 경험이 다르다면 우리는 같은 말을 한다 해도 서로를 조금도 이해할 수가 없다.

어쩌면 이런 상황을 매일 마주하게 된다. 요즘 우리 사회의 담론들도 여기에 이유가 있다고 생각한다. 똑같은 한국어를 사용해서 말하고 듣고 있지만 내가 살아 온 환경과 배경이 다르기 때문에 상대의 처지를 이해하지 못하는 것이다. 경험의 차이는 처음에는 작아 보일지 몰라도 전체 구조를 이해하고 해석하는 데 큰 기여를 한다. 앞이 안 보이는 사람이 코끼리 다리를 만지며 '이게 코끼리의 모습이군'이라고 오해하듯, 분명 성장 배경과 그에 따른 경험의 차이가 똑같은 현상을 바라보는 태도와 함께 이해도를 다르게 하기 마련이다.

회사 안에서도 이 상황은 다르지 않다. 마케터는 마케터대로, 연구원은 연구원대로 각자의 방식과 관점에서 상품과 기술을 설계한다. 관점의 차이가 상당히 커서 서로를 이해할 수 없는 화성 남자, 금성 여자와도 비슷한 느낌이다. 이것은 평생 만나지 못하는 기찻길의 평행선에 비유할 수도 있다. 가끔 만날 수 있는 기회가 있긴 하다. 예를 들어 상위 리더가 억지로 만나게 하거나, 어쩌다 보니 우연히 같은 목적지에서 내리는 경우다. 또한, 같은 연구원일지라도 개발 Development 업무에 있느냐, 연구Research 업무에 있느냐에 따라 깊이와 관점의 차이가 너무나도 분명하다. 강제하지 않는 조건에서는 서로의 생각을 이해하려고 노력하기가 쉽지 않다. 그래서 회사에서는 '소통'을 강조하고 또 강조하는 듯하다.

재미있는 사실은 자신의 위치가 바뀌면 동시에 관점이 바뀐다는 것이다. 연구원 출신이었는데 마케터로 이동한 사람은 부쩍 연구원을 이해하지 못하게 되고(겪어 본 사람들의 증언에 의하면 오히려 연구개발을 아는 사람이 더 지독하다고), Development 부서에서 Research 부서로 이동한 팀장이 갑자기 Research 연구원들의 애환을 알게 되는 일들을 종종 보게 된다. 그런 의미에서 조직 내 순환

보직Job Rotation은 나름의 의미가 있구나 싶다.

　그래서 조금이라도 성장하고자 하는 사람이라면 각자의 처지를 능동적으로 이해하고 받아들이려는 넓은 마음을 가졌으면 한다. 사실 상품 개발에서 부서 간의 갈등은 서로 일을 잘하려다 보니 발생한다. 업무에서 논쟁의 시작은 답의 옳고 그름보다는 대부분 관점의 차이 때문에 생기는 경우가 다반사다. 각자 하고 싶은 말만 하는 개발 회의는 할 필요가 없다. 내 주장이 받아들여지지 않음에 분개하거나, 그로 인해 내가 무시 받았다고 느끼는 순간 협의는 산으로 간다. 좀 더 유연하게 상대의 처지에서도 생각해 보는 관점을 가지도록 노력해 보자.

KPI는 유효한가

전년도 연말부터 열심히 잡기 시작하는 올해의 목표.

목표를 달성했느냐 못했느냐는 결국 사업부의 존재 여부를 결정짓는 중요한 사안이다. 특히 매출을 지표로 가져가는 부서들은 더더욱 그렇다. 회사 전체 목표는 사업부가 나눠 갖는다. 사업부의 목표는 다시 팀 단위로 쪼개지고, 팀에서는 개인이 각자 달성해야 할 목표가 나온다.

세부 목표를 잡으면 그다음은 목표 달성 여부를 무엇으로 판단할 것인가를 정의한다. 이것이 KPI(Key Performance Index or Indicator, 핵심성과지표)다. KPI는 객관성을 갖고 있어서 누가 봐도 성공과 실패를 납득할만해야 한다. 예를 들어 매출에 대한 항목이 목표일 경우 특정 상품의 매출액 ○○억 달성과 같이 아주 명확한 KPI가 있다.

○○억을 하지 못하면 목표 달성을 못 한 것이다. 그 부서의 모든 활동은 목표액 달성을 위한 것에 의미가 있고 또 그래야 한다. 그러

나 연구개발직에서의 KPI는 조금 다르게 보는 경향이 있다. 기술개발직은 KPI를 정량적으로 잡는 데 한계가 있다. ○○기술개발이 최종 목표라고 해보자. 이 목표를 달성했는지 여부를 판단하는 근거는 무엇인가?

기술완성도라는 측정지표를 도입해 본 적이 종종 있다. 완성도라는 것은 무엇으로 어떻게 판단할 수 있나. 최종 개발 기간이 내년일 경우 아무리 빨리 일을 마무리한다고 해도 올해의 완성도는 중간 단계일 수밖에 없다. 이를 보완하기 위해 마일스톤 달성이라고 대안을 제시할 수 있다. 기술 완료를 위한 필수 단계가 있을 것이니 그것으로 성과 달성 여부를 판정해 보자는 의미다. 그런데 마일스톤을 달성하는 것과 완성도는 막상 별개의 상황이고 또한 내년의 성공 여부를 예측하고 판단하는 KPI로 적합하지 않다. 그러면 기술개발 결과물인 보고서가 적당할까? 아니면 연구 전문성을 증명하는 논문을 내면 적당한 것일까? 다양한 중간 결과물을 제시할 수 있지만 기술개발의 최종 결과물과 평가지표 사이에 있는 간극은 여전하다.

KPI에 따라 활동이 완전히 달라질 수 있다. 사업부의 지상과제인 목표가 ○○기술개발로 정해졌다고 가정해 보자.

· KPI가 논문인 경우, 열심히 논문을 쓰는 활동 위주로 일을 진행하게 된다. ○○기술개발을 하긴 하겠지만 논문이 더 우선일 것이다.

· KPI가 완성된 기술의 제품 연계라면? 굳이 논문을 쓸 필요는 없다. 어떻

게 하면 제품에 기술을 탑재할 수 있는지 고민하고 유관부서와 협력을 꾀하는 활동에 초점을 맞추게 하면 된다.

따라서 KPI를 잡는 건 고민이 많이 필요한 정교한 작업이다. KPI 관리의 궁극적 목적은 회사(사업부)가 가진 목표를 달성하기 위함이기 때문이다. 이렇게 복잡한 면이 있다 보니 KPI 무용론도 있다. 무용론에서 말하는 바는 다음과 같다. 사업부의 특성을 제대로 반영하지 못하는 KPI도 있을 수 있고 개인의 동기 부여에 큰 도움이 되지 않는 KPI도 있다. 무엇보다 진정한 성과라고 부를 수 있는 것은 '비정량적인 것에서 나오기 때문에' 객관적이고 정량적인 KPI 설정과 운영을 할 때의 장점보다는 단점이 많다는 주장이다. 따라서 그렇게 열심히 KPI를 관리할 필요가 없다고 말한다. 세부적인 내용에 이견이 있을 수 있으나 혁신적인 성과는 KPI 관리에서 나올 수 없다는 점에 동의한다.

최종 평가에 있어 성과의 객관성(부서와 개인의 성과 차등을 위해 어떻게 줄 세울 것인가)에 정량적 내용을 담을 필요는 있다. 그러나 경험적으로 정말 예외적인 성과가 아니라면 솔직히 누구나 인정하고 받아들이는 객관적인 평가 시스템은 지구상에 존재하지 않는다는 것이 내 생각이다. 『착각하는 CEO』(유정식 지음)에서도 유사한 내용이 언급된다.

"KPI 설정, 목표 수립 면담, 성과 모니터링 등의 성과 압박 장치들을 지속적으로 작동시키면 직원들의 성과가 높아질 거라는 믿음은 순진한 생각이다. 기존의 룰을 깨뜨리는 창의적 발상을 요구하는 요즘, 성과 압력이 과연 그 요구를 충족시킬 수 있을까? 절차만 따르면 되고 고효율이 무엇보다 우선인 분야에서는 성과 압력이 효과를 발휘하겠지만, 창조적 사고와 융합적 사고, 디자인적 사고를 통해 새로운 성장 동력을 찾으려는 조직에게 성과 압력은 그저 그런 성과에 만족하도록 만들 뿐인, 눈에 보이지 않는 장애물이다."

성과 관리를 위한 면담 시기다. 늘 고민하게 되지만 또 막상 시간에 쫓겨 KPI는 관습적으로 잡게 될지 모른다. 제품 개발에만 혁신이 요구되는 것이 아니다. 성과 관리 지표에도 혁신적인 무엇이 나온다면 좋겠다는 생각을 해본다.

내 위치 찾기

 조직의 일원으로 생활하다 보면 정확히 자기 위치를 알아야 할 필요성을 느끼게 된다. 아직 느끼지 못했다면 조만간 그런 시점이 분명히 올 것이다. 연차가 낮은 경우라면 현재 업무를 감당하기에도 버겁기 때문에 아직 그런 생각에 미치기는 어려울 것이다. 경력과 경험이 쌓여 더 높은 자리로 승진하거나 주위를 살필 여유가 생기면 한 번 확인해 보라.

 본인이 2~3년차 정도의 위치라면, 회사 안에서 더 많은 가능성을 생각할 기회가 있다. 무엇이든 다 할 수 있을 것 같다. 간혹 내가 하고 싶은 것이 있는데 상사나 회사가 승인을 해주지 않아 무기력함도 느낄 수 있다. 아예 다른 부서로의 이동을 생각하게 된다. 극단적으로는 퇴사를 선택하기도 한다. 판단 기준과 가치가 나와 잘 맞는 사람과 소통을 우선하기도 한다. 무릇, 나를 중심으로 회사와 조직을 바라보기 쉬울 때다.

조금 더 위치가 올라가 중간 관리자쯤 되면 생각이 달라질지도 모른다. 이제는 자신의 분야와 전문 업무에서 성과를 제대로 내야하고 승진하기 위한 추가의 노력도 요구된다. 생각보다 많은 일들을 내 마음대로 될 수 없다는 것을 알게 되며, 굳이 노·사의 관계를 따진다면 사측으로 마인드 쉬프트mind shift 하는 편이 상사의 말과 조직의 정책을 이해하는 데 도움이 된다. 상사도 나름대로 고민과 애환이 있음을 조금 더 이해하게 된다. 회사는 나 혼자가 아니라 다른 이가 함께 협력해서 일을 만드는 곳임을 알게 된다.

거기서 조금 더 올라가면(여전히 내 위에는 상사가 있다. 대신 후배 직원이 더 많아진다) 중간 관리자로서 여러 가지 챌린지를 받는다. 내 능력이 점점 고갈되고 바닥을 보이지 않을까 걱정해야 하는 시기다. 사내에 떠도는 고급 정보라고 할 수 있는 것에 조금 더 가까워지지만, 그로 인해 굳이 몰라도 될 사실들에 노출되어 더 깊은 좌절감을 맛볼 때도 있다. '안 된다'고 하기보다는 '되게 하겠다'는 말을 더 많이 해야 한다. 변화가 생기면 왜 그런 일들이 벌어지는지에 대해 동료직원들을 설득하고 공감하게 만드는 전달자로서의 역할도 필요하다. 필요에 따라서는 타 부서와 딜deal도 하고, 싸움을 통해 쟁취하거나 양보도 해야 한다. 위아래의 눈치를 더 보게 된다. 개인의 성장과 성공보다는 동료직원들의 성공 기회를 제공하는 것이 우리 부서와 나를 위한 것임을 안다. 혼자서 할 수 있는 규모를 넘어서는 일을 맡게 된다.

회사를 다니다 보면 안타까운 사람들이 있다. 자신의 위치가 어디쯤인지 잘 모르는 사람들이다. 어쩌면 모르는 척하는 사람일 수도 있다. 내가 원하는 바를 상사가 대신해주지는 않는다. 상사를 움직여서 내 편으로 만들던지, 내 생각을 마치 처음부터 상사의 생각이었던 것처럼 만드는 기술적인 설득 능력도 필요하다.

회사 안에서 자기 자신을 좀 더 냉정하게 판단해 본다면 그 결과에 분명 답이 있다. 내가 조직 체계상 어디쯤인지, 그 위치에 맞게 상사·동료·부하가 나에게 기대하는 것은 무엇인지를 먼저 알아야 한다. 사람들이 나의 가치를 못 알아본다고 노여워하지 말라. 가치는 스스로 보여줘야 하는 것이다.

요즘의 나는 회사의 운영이 생각하던 것 이상으로 더 치밀하다는 것을 느낀다. 깜짝 놀랐다. 시야가 좁았음을 깨닫는 중이다. 많이 알고 있다고 생각했었는데 자신에 대한 과대평가였다. 좌절감을 느낀다는 뜻은 아니다. 아직도 배울 것이 많고, 사업 부서별 특징을 더 많이 알아가는 중이다. 스스로 깨닫고 조직 안에서 위치를 교정하고 나면 할 일과 배울 일이 더 명확하게 보일 것임을 기대하며 오늘도 또 일을 한다.

요즘 할 일이 없나 봐?

"먼저 들어가 보겠습니..."
"요즘 할 일이 없나 봐?"

회사 다닌 지 11년 만에, 처음 들어본 말이었다. 먼저 간다고 인사하는데 직속 상사에게서 이런 말을 듣는다면 부하직원은 무엇이라고 대답을 해야 할까?

1번: 네, 요즘 할 일이 참 없네요.
2번: 아니... 저 그게 집에 일이 좀 있어서요.
3번: 허허. 일이 없어 보이세요?(정색!)

그 질문을 던진 사람은 상무님이었다. 정말 찰나의 순간에 여러 가지 고민이 오갔다. 당황했던 나의 대답은 위의 보기에는 없는, 그저 어색한 웃음. 물어본 그의 표정을 다시금 살폈다. 쌌던 짐을 다시 풀고 자리에 남아야 할까? 아니면 가도 될까? 찰나의 순간 속에 머릿속이 그렇게 복잡해지는 경험은 쉽지 않은 일이다. 공격적인 상사의 도발에도 불구하고 꿋꿋하게 퇴근을 하였다. 물론 그날의 퇴근길은 매우 기분 더럽고 별로였지만. 다음 날부터 꽤 오랫동안 야근을 했다. 할 일이 남아서 어쩔 수 없는 경우도 있었지만, 저녁을 위해 할 일을 남겨 두기도 했다. 그렇지 않으면 자리에 앉아 있는 것 자체가 너무 고역이었기 때문이다. 하지만 옛말에 고기도 먹어 본 놈이 먹는다고, 야근도 하던 사람이나 하는 것이다. 그래서 명분 없는 야근을 그만두었다. 한때 칼퇴근의 대명사였던 나에게 야근이란 가당치도 않은 일이라 스스로를 위로하면서 말이다.

그때 상무님은 왜 그랬을까? 조금 느슨해진 나의 모습에 경종을 울리려는 상사의 일침이나 배려라고 생각할 수 있을지도 모르겠다. 하지만 퇴근 시간에 짐 싸서 가는 사람에게 왜 벌써 가느냐고 물어보는 시답잖은 농담은, 농담이라기보단 지나친 간섭이고 별로 아름답지 않은 행동이다. 왜 가냐니, 나의 하루를 회사에서 잘 보내고 이젠 내일을 준비하기 위해 재충전하러 가는 길인데. 언제부터 우리는 남의 눈치를 보며 퇴근까지 걱정하는 사람이 되어야 했던가.

그런데 상황이 바뀌었다! 올해 작은 TF(Task Force)를 하나 맡으면서 업무량이 늘다 보니 근무 시간 안에 처리하지 못하는 일이 생기곤 했다. 싫었지만 남은 일을 끝내기 위해 야근을 해야 하는 상황이 생겼다. 게다가 한 해의 초반에는 준비할 것도 많고 생각할 것도 많다. 연구소의 중요한 과제까지 운영하다 보니 자연스레 늦게 갈 수밖에 없었다. 저녁 먹을 시간에 "같이 저녁 드실 분?" 했을 때 어느 누구 하나 "같이 드시죠" 하는 사람 없이 뿅 하고 사라지는 팀원들을 보니 은근 섭섭했다. 일주일에 상사는 몇 번이나 야근하고 과제 고민하다가 집에 가는데, 팀원은 내가 그러거나 말거나 집으로 쉽게 가다니? 이런 생각들이 쌓이면서 정말 내가 겪었던 바로 그 일이 떠올랐다. 이런 걸 개구리 올챙이 때 생각 못 한다고 하는 거지. 그러면서 아이러니하게도 나에게 할 일이 없냐고 질문을 던졌던 상사의 마음이 이해되었다. 어쩌면 그분은 혼자 남아 일하는 자신을 알아달라고 어필했던 건 아니었을까.

어쨌거나 참, 사람의 마음은 간사하다. 당연히 집에 갈 시간에 가는 사람을 마뜩잖게 생각하는 마음이 들어서, 이게 뭐라고 섭섭하다니 나도 못났다 싶었다. 하지만 절대로, "요즘 할 일이 없나 봐?"라는 말은 하지 않으리라.

객관적 평가라는 판단 오류

　직급이 조금씩 올라갈수록 회사 내에는 참 많은 회의가 열리고 있다는 걸 알게 된다. 이번 달 말에 있을 조금은 살벌한(?) 회의 준비 때문에 월초부터 미팅을 하고 있는데 미팅 자리에서 어쩌다가 나온 화두. 평가는 필요악인가? 였다.

　최근에 본 기사 '마이크로소프트는 어떻게 실패하였나?'(현재의 마이크로소프트는 다시 성장하고 있지만 이 글이 쓰일 당시만 해도 위기 상황이었다)라는 글을 보면 재미난 시사점을 발견할 수 있다. 거기에는 이런 얘기가 있다.

　　아이켄월드의 대화를 보면 "직원별 순위stack ranking"로 알려진 관리 시스템(상대평가로 하여 모든 직원을 우등실적자, 차상위, 평균, 열위로 나누도록 강제하는 프로그램)이 마이크로소프트의 혁신성을 없애버렸다고 나와 있다. 그의 글이다. "인터뷰했던 마이크로소프트의 모든 전·현직 직원들 모두(실제로 모두였다)는 직원별 순위 프로그램이야말로 마이크로소프트 내부에서 제일 파괴적인 절차였다고 말했다. 한 전직 소프트웨어 개발자에 따르면, 10명으로 이뤄진 팀에 있을 경우 모두가 얼마나 뛰어나든지 간에 2명은 좋은 평가를 받고 7명은 평균적인 평가를 받으며, 1명은 최악의 평가를 받아야 한다고 한다. 그래서 다들 다른 회사와 경쟁하기보다는 내부경쟁에 더 초점을 맞추는 결과를 빚어냈다."

실제로 많은 회사가 직원별로 상대평가를 실시한다. 내가 회사에 와서 선뜻 적응하지 못했던 것 중의 하나가 바로 평가다. 1년 동안 과제와 업무를 하고 나면 그 결과에 따라 평가를 받고, 평가 결과에 따라 회사 내에서 나의 위치, 나란 사람이 받게 되는 인사 관점에서의 우열관계, 연말 인센티브, 내년 연봉 인상분 등등 많은 것들이 달라진다. 마이크로소프트의 실패 요인이 비단 평가시스템에만 있는 것은 아니겠으나, 본인 스스로 최고의 인재가 되기보다는 내부 경쟁에만 초점을 맞춘다는 점은 시사하는 바가 크다. 왜냐하면 평가는 결국 '관리'의 개념에서 출발하는 것이기 때문이다. 조직이 작을 때는 다 같이 잘하려는 관점이 우세하겠지만 점점 거대해질수록 적절한 관리와 보상체계를 통해 직원을 바라보고 판단하게 된다. 물론 좋은 제품 연구개발로 경쟁력 있는 연구원임을 어필할 수 있다. 그러나 많은 다수가 개인 평가관리라는 항목 안에서 어떻게 나를 더 경쟁력 있게 포지션 할지 먼저 생각하게 되니 당연히 제품의 품질이나 본질에 관한 연구 자세는 흐트러지거나 약해지는 것 아니겠는가.

그렇다고 1년 내내 평가 잘 받아야 한다는 생각을 하며 사는 것은 아니다. 다만 결과적으로 1년 동안의 MBO(management by Objectives, 목표관리)가 망쳐지지 않게 하려고, 평가받는 사람도 업무관리의 지표 자체에 더 관심을 두는 입장이 될 수밖에 없다는 것이다. 업무 중간에 나오는 기대하지 않았던 성격의 성과들, 실패에서 얻는 교훈들은 뒤로 미룬다. 때로는 조직의 성과에 맞추지 않은 개인 성과지표 달성을 통해 자기위안식 평가를 하기도 한다. 우리는 이제 평가중심주의가 갖는 함정에서 빠져나올 필요가 있다.

요즘은 가끔 회사에서 첫 팀장님이 생각난다. 그분께서 하신 말씀 중 "가족에게 자랑스럽게 내보일 수 있는 제품 하나라도 만들면 연구원으로서 성공한 것 아니겠는가"라는 말이 갖는 의미를 다시금 되새기게 된다. 결국 나를 평가하는 상사의 마음에 들기 위한 일을 하는 게 아니라 자신에게 만족하고 자랑스러운, 부끄럽지 않기 위한 일을 하는 것이 최선이다. 그렇게 몰입해서 일하다 보면 회사가 요구하는 '혁신기술'과 '혁신제품'이 더 가까운 시일에 실현되지 않을까.

당신은 조력자가 있나요

국내에서 근무할 때는 잘 몰랐다. 많은 것들이 손만 뻗으면 닿을 거리에 이미 갖춰져 있기 때문이다. 해외에서 근무해 보니 생각보다 어떤 일을 시작하기에 어려움이 많다. 간단한 것임에도 누가 의사결정을 해야 하는지 모호한 일도 생기고, 어디서부터 어디까지 기획해서 제안해야 하는지도 잘 모르겠다. 한국의 본사와 모호한 역할 분배가 간혹 문제가 된다.

조력자. 말 그대로 도와주는 사람이다. 조직 체계가 잘 갖춰지면 시스템이라는 형태로 일이 돌아간다. 하지만 중요한 것은 사람이다. 시스템이 있어도 그것을 움직이는 주체가 있어야 한다. 그 주체가 바로 사람이다. 어떤 일을 도모하려면 무엇이 동반되어야 할까? 다수의 동의? 당연히 많은 사람들이 응원해 주고 좋아하는 일을 하고 싶다. 그런데 정작 일의 기획 단계에서는 소수의 핵심 인물들이 중요한 역할을 한다. 최종 의사 결정권자는 말할 것도 없다. 여기에 의사 결정자를 설득하는 데 필요한 정보와 의견을 줄 수 있는 사람(들). 그들이 여기서 말하는 조력자다.

친한 사람, 동료가 반드시 조력자가 되는 것은 아니다. 물론 친하면 좀 더 원만하게 일이 만들어지기 쉽다. 그러나 친한 관계일지라도 일은 일일 뿐, 냉정한 의견을 줄 수 있는 사람이 제대로 된 조력자라고 할 수 있다. 사리사욕을 채우기 위한 업무 기획이 아닌 이상 객관적인 평가가 좋은 기획에 도움이 된다. 나만의 편협한 시각으로 준비한 기획의 맹점을 잡아줄 사람을 가까이 두면 참 좋다. 분명 좋은 사람인데 회사 일에 있어서만큼은 딱 선을 지키는 동료가 있다. 나와도 친분이 있지만 가끔 그의 태도를 보면 깜짝깜짝 놀란다. 아, 너무 심한 것 아닌가 싶을 정도의 객관성을 유지한다(기계적 중립까지는 아닌 것 같다). 그런데 생각해 보면 그런 점 때문에 난 오히려 같이 일을 하고 싶다. 적어도 나의 편견과 좁은 시야를 교정, 정정해 줄 수 있는 사람이 낫다고 생각하기 때문이다.

나도 다른 동료들에게 좋은 조력자가 되기 위해서는 어떻게 해야 하나? 정답은 없다. 이런저런 경험들을 바탕으로 답을 내보면 '다양한 관심'이 아닐까 싶다. 인간관계를 잘 유지하는 것은 기본이겠고, 회사의 여러 부서에서 어떤 일을 하고 싶어 하는지, 앞으로 어떤 일들이 진행될지 관심 있게 바라보자. 즉 서로의 니즈를 발견해 내야 한다. 그러면 내가 기여할 수 있는 기회와 역할을 찾을 수 있다. 다음으로 그들이 무언가 의견이나 도움을 필요로 하는 타이밍을 잘 잡도록 하자. 기대를 살짝이라도 넘을 수 있는 무언가를 제공하면 그들에게 꽤 괜찮은 인상을 남길 수 있다. 필요한 경우엔 간혹 반대 의견도 낼 수 있어야 한다.

너무 전략적이고 비인간적인가? 회사 안에서 일을 도모하려니 간혹 판을 짜는 것도 필요하다. 요즘은 일을 기획하는 시즌이다. 연구를 잘 꾸려서 운영해야 하는데 내 생각에 힘을 실어줄 한 사람 한 사람이 참 소중하게 느껴진다. 한국이었으면 '안 하고 말지!' 했을 법한 일도 포기할 수 없기 때문이다. 그런 의미에서 나에게 필요한 조력자, 그리고 남에게 필요한 조력자로서의 나를 생각해 본다.

독서의 즐거움

회사에서 진급을 하고 더 높은 사람과의 미팅 기회가 생기면서, 내 분야의 전문지식도 중요하지만 다양한 경험이 더 파괴력이 있다는 것을 절실하게 느꼈다. 여기서 말하는 경험이란 업무 내적, 외적인 것을 모두 의미한다. 상대적으로 다양한 경험이 부족한지라 이걸 보완하는 방법으로 선택한 것이 바로 '독서'였다. 또 하나, 나이 들고 상급자가 되면서 어린 친구들과 내가 차별화될 수 있는 것 또한 다양한 경험에서 시작되는데 그 역시 독서라는 방법으로 귀결되었다. 개인적으로는 이제 일곱 살이 된 아이에게 늘 '책 읽으라'고 하면서 정작 자신은 스마트폰 화면만을 소비하는 것이 부끄럽게 느껴졌다.

그러니 나는 독서의 즐거움을 알아서 책을 손에 잡은 것이 아니라 매우 현실적인 문제에서 제기된 책 읽기를 시작한 셈이다. 간혹 회사에서 도서 워크샵이라는 빌미로 책을 보긴 했지만 끝까지 다 읽지 않거나 대충 중간 정도 읽다가 마는 경우가 다반사였다.

하지만 자유의지로 책을 고르고 읽어 나가다 보니 '아, 이게 즐거운 일이구나!'라는 것을 느끼게 된다. 책을 읽고 뇌가 자극을 받는 느낌이 좋다. 독서의 효율성, 읽고 난 후 효과를 높이기 위해 책 내용 중 맘에 드는 부분을 스크랩하고 생각을 적어보는 훈련도 한다. 이런 행위들을 통해 스스로 성장하고 있다는 생각을 한다. 시험을 보는 것 때문에 잊지 않으려고 하는 것이 아니다. 읽고 음미하고 다시 그 의미를 생각하고 현실 상황과 비교해 보면서 어떤 때는 이해가 되지 않던 상황들을 이해하게 된다. 내 마음이나 생각이 좀 더 정리되고 때로는 더 확장되는 쾌감을 알게 되었다. 이제는 간혹 책을 읽지 않고 하루가 지나갈 즈음엔 뭔가 불안한 생각이 든다. 오히려 바쁠 때일수록 독서에 대한 욕구가 올라갔다. 바쁜 일상과 독서 이후의 사색의 결과, 브런치에 포스팅하는 기회는 점점 더 늘어갔다.

그리고 다양한 책을 접하면서 좋은 책, 나에게 맞는 책들을 알게 된다. 그런 과정 또한 독서의 즐거움이다. 최근 회사 게시판에 도서 추천 글이 올라와 몇 권을 선정해 답글을 썼다. 이 책 저 책 보긴 했어도 정작 추천할 책은 아쉽게도 몇 권 없었다. 그래도 그동안 읽은 책이 쌓여 다른 누군가에게 책을 추천해 줄 수 있는 사람이 되었다니 뿌듯한 마음이 들었다. 개인적으론 저자의 주장을 잘 뒷받침 해주는 근거들이 탄탄한 책들에 끌리는 편이다. 성공한 누군가라고 해도 적절한 근거 없이 개똥철학을 읊어대는 것은 그다지 설득력 없게 느껴진다. 무작정 마음의 근심은 버리고 잘 될 것이라 믿으라는 착한 내용들도 별로다. 마음을 다스리는 책이라고 해도 어떻게 하면 근심을 버리고 자신에 대한 믿음을 가질 수 있는지보다 실용적인 방안을 제시하는 것이 더 마음에 든다.

무엇보다 아이에게 더 이상 부끄럽지 않은 아빠의 모습을 보여줄 수 있다는 것이 좋다. 물론 내가 책을 펼치면 아이는 심심하다거나 놀아달라고 떼를 쓰지만 말이다. 그래도 멍하니 스마트폰으로 시간을 때우는 것보다는 책을 읽으면 뭔가 생산적인 행위를 하고 있다는 생각이 든다. 억지로 좋은 모습을 보여주기 위한 쇼가 아니라 진심으로 하는 것이라 더 당당하다.

진화의 관점에서 보더라도 우리 뇌는 독서에 최적화되어 있지 않다고 한다. 그러니 책을 보는 것은 의도적인 장치와 의지가 필요하다. 의지만으로 습관이 형성되지는 않는다. 어떤 행위가 습관이 되려면 적어도 3개월 이상의 시간은 걸린다. 그런 난관을 뚫고 이젠 책 읽는 것이 점차 즐거워지고 있으니 스스로에게 대견함을 느낀다. 주변 사람들에게도 책 읽는 즐거움을 느끼게 해주고 싶다.

성공의 전략과 말단 직원

연차가 올라가면 위에서 전달되는 정보의 양과 질이 달라진다. 경력이 쌓이면서 내가 어떻게 회사의 방향으로 맞출align지 자연스럽게 고민하고, 그에 맞춰서 일을 구성하고 사람들과 대화하게 된다. 그걸 깨닫는데 7~8년의 세월이 걸렸다. 물론 마인드셋을 바꾸어도 여전히 해결되지 않는, 이해할 수 없는 부분이 많지만 그것을 긍정적인 태도에서 바라볼 수 있도록 노력한다는 점이 아마 가장 큰 차이다.

과거의 나는 어떠했을까? 입사하자마자 팀의 PM(Performance Management)이 어쩌고, 개인의 MBO, BSC(Balanced Score Card), 올해의 전략은 선택과 집중... 하나도 이해가 되지 않았다. 영어로 된 약자를 설명해 주는 친절한 선배도 없었다! 많은 용어와 구호는 신입이었던 내게 크게 와닿지 않았다. 요즘 신입사원 교육은 어떻게 이뤄지는지 모르겠으나, 내가 받은 연수에서는 개인과 회사의 입장을 잘 연결하는 마음가짐과 기술은 배우지 못한 것 같다. 가르치는 사람은 충분히 전달했다고 생각했는데 피교육자인 나의 마음이 영 딴 곳에 팔려 제대로 이해하지 못했을 수도 있겠다.

어떤 분의 페이스북에서 유명 기업의 성공전략이 무엇인지 파헤쳐 보겠다는 글을 보았다. 모두들 성공의 전략을 짜고 고민하고 발표한다. '이렇게 하면 될 것 같습니다'라는 주장이 전달된다. 그런 각오와 다짐이 과연 책상 앞에 앉아 있는 1~2년 차 사원들에게도, 아니 적어도 4~5년 차 직원들에게도 그대로 연결될까?

대답은 아니올시다.

입사 10년이 넘어도 회사와 내 일의 연결이 어려운 사람들도 있는데 말이다. 격변하는 시대에, 모든 것이 빠르게 변하고 불확실성은 어느 때보다도 높다. 현재 시점에서 회사의 성장전략을 고민하는 것은 필수적이다. 하지만 아무리 뛰어난 로드맵을 짜 놓은들, 경영진의 이상이 아무리 높고 고귀한들, 말단에서 움직이는 사람들의 마음속에 불을 지피지 못한다면 말짱 도루묵 아니겠나 싶다.

축구에서도 공격진과 수비진의 틈이 너무 크게 벌어지면, 커뮤니케이션이 안 되고 상대편이 그 사이로 파고들어 헤집어 놓는다. 그렇게 되면 개인의 능력이 뛰어나다 해도 조직력은 무너지고 게임에서의 승리도 장담할 수 없다. 유로 2012를 보는데 스페인의 공격과 수비 간격이 어찌나 촘촘한지 놀라웠다. 이런 상황에서 소통의 가치와 효과는 올라간다. 상호 주고받는 섬세한 패스워크도 더 빛을 발하는 법이다. 기업으로 생각하면 밸류체인 사이에 유기적인 협업이라고 볼 수 있다. 성공을 위한 회사의 선봉과 그 뒤를 따르는 평사원들의 간극이 좁혀져야 할 때가 아닐까. 직장인들의 익명 게시판, 블라인드를 보니 불평과 불만의 목소리가 높다. 조직과 구성원 사이의 원활한 소통이 아쉽게만 느껴지는 하루다.

감정에 휘둘리지 말자

작은 사건 하나.

타 팀 품의가 나에게 참조되었다. 내용을 살펴보니 특허 개발에 관한 것이었다. 가만히 살펴보니 개발자가 그 팀 사람 혼자만 되어 있는 것이다. 분명 해당 업무에 대해 우리 팀 사람이 참여해서 기여를 했는데 어째서 개발자를 단독으로 했단 말인가. 마침 그 일에 참여했던 우리 팀 담당은 회의에 들어가 있는 터라 직접 확인하지 못하고 상대 팀장에게 바로 문의 메일을 보냈다. 나름 정중한 어투를 빌었지만 사실은 공격적인 내용의 문의였다.

"왜 우리 팀 담당이 개발자에서 빠진 건가요?" 답이 한참 없다.

그래, 너도 미안한 마음이라 그런 거겠지 하는 마음마저 들었다. 한 참 뒤 회신이 왔다. 우리 팀 담당도 기여자에 넣었는데 대체 무슨 소리냐, 내가 너무 예민한 거 아니냐는 내용도 함께 말이다.

당황스러워 다시 살펴보니 아뿔싸. 개발자가 아니라 특허 출원인에 우리 회사가 언급된 것일 뿐, 정작 개발자들에 대한 정보는 어디에도 없었던 것이다. 제대로 내용을 파악하지도 않고 담당자도 없는 상황에서 급한 마음에 메일을 보낸 것이 나의 큰 실수였다. 바로 죄송하다는 내용의 사과 회신을 보냈다.

일 자체의 성격(핵심 과제냐, 일상적인 업무냐, 누군가 해야 할 의무적인 일이냐 등)에 따라 일을 대하는 태도가 달라지게 된다. 모든 일을 같은 중요도로 처리하기 어려운 까닭이다. 그러나 일을 할 때 이보다 더 중요하다고 생각하는 것이 있다. 누구와 함께하느냐가 일의 성패를 좌우한다는 점이다. 무릇 일의 성격을 규정짓는 축이 또 하나 있다면 사람들의 관계일 것이다. 그것을 '궁합chemistry'이라 부르기도 한다. 조직 안에서 어떤 성과든지 단독으로 낼 수는 없다. 항상 내 팀의 동료 또는 타 팀의 동료와 함께한다. 그러다 보니 나와 일을 함께하는 파트너와 궁합이 얼마나 잘 맞는지 중요하다.

궁합이 잘 맞고 안 맞고를 결정하는 것은 무엇일까? 사람에 따라 기준이 다르겠지만 나는 어떤 일을 대하는 태도, 업무를 처리하는 사고방식으로 궁합 여부를 판단한다. 예를 들어 다른 사람에 대한 배려 없이 성과 중심으로 일을 하는 사람이 있다면, 아무리 성과를 잘 낸다 해도 같이 일하고 싶은 마음이 들지 않는다. 자기 욕심 때문에 다른 사람들을 힘들게 하는 것이 바람직한 동료라는 생각을 할 수 없다. 이해관계가 엮인 사이에도 매끄럽게 문제가 해결되는 경우가 있기도 하고, 괜히 주는 것 없이 같이하기 싫은 잘 안 맞는 동료도 있다. 회사 일도 결국 사람의 일이라 관계의 힘이 작용하게 된다.

다시 이전 에피소드로 돌아가 보자. 별것 아닌 상황에서 발끈하며 대응했던 이유를 생각해 보았다. 고백하건대 위에 언급한 팀장과 나의 궁합 점수를 따지면 나쁜 편이었다. 여러 사례를 통해 쌓인 감정의 골이 있었다. 그리고 메일로 공유받은 해당 특허에 대해 우리 팀 사람이 예전에 고충을 토로했던 것이 기억에 남아 있던 상황에서 아침부터 관련 메일을 보니 순간적으로 감정이 폭발한 것이다. 그 결과는? 위에서 보다시피 좋지 않다. 메일을 받은 당사자도 당연히 마찬가지였겠고 허술하게 초기에 대응한 나도 엉망이 되었다.

오늘 하루는 이렇게 망. 했. 다.

일을 하다 보면 욱할 때가 있다. 내 뜻에 맞지 않아서, 올바른 방향이 아니라고 생각되어서, 누군가의 욕심만을 채우는 일 같아서 등등 여러 가지 상황들이 있다. 마음이 요동치고 뜨거운 것이 막 끓어오르려고 할 때 진정하자. 앞뒤 상황 잘 보고 즉시 대응하고 싶은 마음, 맞받아치고 싶은 충동을 한 번만 누그러뜨리면 더 현명한 해결책이 보인다. 오늘 일처럼 애초에 문제가 될 소지도 없는 일을 긁어 부스럼 만들 일도 없을 것이다.

부정적 피드백은 도움이 안 된다

에피소드 1

일 잘하기로 소문났지만 팀원으로부터 호불호가 명확하게 갈리는 스타일의 팀장이 있다. 안타깝게도 그 팀장은 자신이 자신을 좋아하는 사람들이 극과 극으로 나뉜다는 점에 대해 인지를 잘못하고 있었던 듯싶다. 연말 팀원들로부터 리더십 진단(특히 주관식 답변)을 받고 적잖은 충격을 받았나 보다. 앞으로는 자기가 나서서 뭐 하자고 하지 않을 거라며 후회를 했다.

에피소드 2

위 얘기를 듣던 다른 팀장 왈.

"난 그래서 평가 결과를 받으면 점수만 보고 주관식 내용은 안 봐. 마음만 상하거든."

에피소드 3

오늘은 개인 면담할 때 ○○○님은 이런 건 좋고, 이런 건 좀 부족하다고 얘기해 줄 내용을 미리 노트에 적어두었다. 그러나 이렇게 준비했다가도 막상 안 좋은 얘기는 하지 않거나 제대로 전달하지 못하고 끝나는 경우가 많다. 면전에 두고 '이런 건 좀 부족하네요'라고 말하자니 좋은 사람으로 남고 싶은 욕심과 미안함, 또는 내가 그렇게까지 얘기할 만한 위치인가 하는 스스로의 질문 때문이다.

좋은 약은 입에 쓰다고 한다. 우리는 누군가 부족한 면이 있을 때 당연히 지적해 줘야 한다고 생각해왔다. 약점을 보완할 수 있도록 알려주는 것이 상사, 동료의 미덕이라는 것이다. 동료에게 약점을 알려줌으로 인해 보완할 기회를 알려주어야 한다고 배웠다. 그러나 최근 읽은 HBR(하버드 비즈니스 리뷰)에 실린 기사 '부정적인 평가는 개선으로 이어지지 않는다'의 결론은 이렇다. 부정적 피드백이 개인을 자각하게 만들거나 새로운 동기 부여에 전혀 도움이 안 된다고 한다. 위에서 소개한 팀장들의 예시를 보면 기사 내용처럼 부정적 피드백은 아무 효과가 없는 게 맞다. 누군가는 자책하고 또 누군가는 아예 그 내용 자체를 거부해 버리는 까닭이다.

우리 회사는 일 년에 한 번 동료 평가를 한다. 특히 리더급은 강점과 약점에 대해 동료들로부터 주관식으로 평가를 받는다. 무조건 3가지 약점을 써야 하기 때문에 제도적으로 부정적 피드백을 받도록 만든 셈이다. 과연 이런 것들이 좋은 제도일까? 하는 생각이 들었다. 누군가를 평가하고 잣대를 들이대는 것이 회사나 조직이 나가고자 하는 방향, 만들고자 하는 문화적 가치와 지향점에 맞는 필요한 요소라면 반드시 시행하는 게 맞다. 그런데 평가 대상자에게 이런 점이 부족하다고 알려주는 것이 경영진이 늘 요구하는 '혁신제품' 개발에 정말 도움이 되는지는 의문이다.

나 역시 여전히 혼란스럽다. 업무를 진행할 때 동료의 부족함이 보인다면 그 부분을 얘기해 줘야 한다고 생각해 왔다. 이유는 단순하다. 정말 선한 의도로 그 사람의 발전을 바라기 때문이다. 어쩌면 우리는 누군가의 발전과 기회를 바란다는 핑계로 다른 이들을 재단하는 것이 습관처럼 몸에 밴 것은 아닐까? 기사 내용이나 위의 에피소드에서 공통적으로 확인할 수 있듯이 미래의 발전을 바라는 평가자들의 선한 마음이 담겨있든 아니든 상관없이 그 평가를 들은 당사자들은 대부분 네거티브 피드백을 정당하게 받아들이지 못한다. 부정적인 말을 들으면 '앞으로 잘해야지'라는 생각을 절대 하지 않는다는 의미다. 상대방으로 하여금 심리적으로 위축되고 우울하게 만든다.

그럼 어떻게 해야 하나?

HBR 기사에서는 아쉽게도 구체적이고 기술적인 해법은 제안하지 않는다. 그러나 기사 내용 중에 힌트가 있다. 해당 직원이 그 조직 안에서 얼마나 가치 있는 사람인지 인식시켜야 한다고 강조한다. 그러기 위해서는 피드백을 주는 사람과 받는 사람 사이의 신뢰가 중요하다. 조직 내에서 이런 신뢰 관계를 공고히 구축한다는 것은 참 쉽지 않은 과정이다. 또한 피드백은 미래 지향적이어야 한다. 과거의 잘못에 대해 질책해서 상황이 나아진다면 그래도 의미가 있겠지만 이미 지나간 것에 대해 물고 늘어질 필요는 없다. 과거는 과거일 뿐이다. 다만 다시 비슷한 잘못이나 실수가 없도록 해야 한다. 과거의 잘못에서 배움이 있다면 그것으로 충분하다. 이런 생각들을 정리하다 보면 늘 이런 질문에 봉착한다.

- 대체 개인 평가는 왜 하는지?
- 개인 평가를 단지 몇 개의 점수와 질문으로 수식화하는 것이 맞는지?
- 성장을 위한 조언이라고 하면서 정작 사기를 꺾는 평가는 아닌지?

평가를 하는 의미와 본질에 대해 다시 생각해 보는 기회가 되었다.

간절히 원한다면 쟁취할 수밖에

지난 2년 동안, 꼭 한번 가봐야겠다는 생각을 하고 있는 학회가 하나 있었다. 그것은 바로 세계 피부과 학회이다. 피부과 학회는 보통 미국, 유럽, 아시아 지역별로 매년 개최되는 것이 보통인데 몇 년에 한 번씩은 다 같이 모여서 열게 된다. 이름도 International Investigative Dermatology로 거창하다. 그러니 굉장히 큰 규모의 학회이고, 적어도 내가 일하는 분야에서는 '언젠가는 꼭 한번' 가보고 싶은, 그런 학술학회다. 입사 이래 선배들의 참석을 내내 부러워만 했을뿐 정작 내가 참가해 본 적은 없었다.

이 학회에 가기 위해서 2년 전부터 노력을 많이 했다. 아무리 중요한 학회이고 연구 동향을 파악하기 위한 참석이라 해도 아무것도 손에 들지 않고 놀러 가듯 갈 수는 없는 법이다. 발표할 연구 성과를 준비했었다. 그동안 했던 일 중에 썩 괜찮은 두 가지를 골라 초록을 제출했었고, 연초에 다행스럽게도 학회 측으로부터 발표를 허락받았다. 비록 그것이 구두 발표가 아닌 포스터일지라도 말이다.

그런데 과연 이 학회에 누가 갈 것이냐? 이것 때문에 팀장과 약간의 마찰 아닌 마찰을 빚었다. 갈등의 주된 내용은 이렇다. 여러 명이 갈 수 없는 상황이기에 누가 가는 것이 적합한가에서 팀장은 형평성을 이유로 다른 사람을 추천했기 때문이다(작년에 미국에서 진행된 피부학회 참석자가 바로 나였다). 제한된 자원 안에서 기회를 골고루 나눠주고 싶은 팀장의 생각을 받아들일 수 있다. 그런 측면에서 형평성에 대한 부분은 이해하지만 나는 스스로 확보한 정당성(발표 거리)을 주장하며 학회 참석의 당위성을 주장했다. 이렇게 각자의 입장이 달랐다. 결과적으론 내 의지대로 되긴 했지만 일부 찝찝한 기분은 어쩔 수 없다. 처음부터 기분 좋게 '네가 다녀와라' 하는 상황이 아닌 다음에야 이런 식의 결론은 승리(?)를 해도 좀 그렇다. 사실 내가 만약 팀장의 입장일지라도 그와 비슷한 생각을 했을 것이다.

다만.

2년 이상 관심을 갖고 끈질기게 학회를 생각하고 준비했던 '나'라는 사람이 있는데, 나만큼 관심도 없는 사람에게 '형평성'을 이유로 자리를 빼앗기는 것은 부당하다고 생각되었다. 만약 내가 아닌 팀장이 추천한 다른 후보도 이 학회를 가기 위해 부단히 애를 썼다면 속은 쓰리겠지만 양보할 수 있었을 것이다. 어떤 노력의 흔적 없이 순서가 되었으니 출장을 간다는 것은 좋은 선례가 될 수 없다고 생각한다. 이렇게 행동하는 것이 익숙하지 않지만 원하는 것을 갖기 위해 양보보다는 투쟁도 필요한 법이다. 비록 상사와 의견 충돌이 있을지라도 내 의견을 강하게 말하는 때도 종종 필요하다. 물론 단순히 떼를 쓰는 것이 아니라 내 주장을 뒷받침할 충분한 데이터가 있어야 함은 기본이다.

2장

후배에게 쓰는
편지

그 사람, 일 잘하나?

대부분의 회사가 그렇겠지만 연초가 되면 연간 목표를 수립한다. 개별 사원들은 MBO라고 부르는 것을 작성하기 마련이다. 연간 목표를 잡으면 그 목표의 적합성을 논의하기 위해 상사와의 면담을 진행한다. 우리 회사는 공식적으로 목표 설정 면담, 중간 면담 2회(목표 수정 기회), 최종 면담 이렇게 4번의 기회가 있다. 물론 비공식적인 미팅은 더 많이 있다. 내가 후배일 때는 잘 몰랐는데, 상사의 입장이 되니 안 보이던 것들이 하나둘 눈에 들어온다. 그리고 후배 사원들이 하고 있음직한 오해를 적어 본다.

상사는 내 업무 내용을 잘 알고 있다?

"팀장님이 제가 어디까지 했는지 잘 몰라요."

당신의 업무에 아주 관심이 없지 않는 한 상사가 모를 리 없다. 그러나 내 일을 가장 잘 이해하는 사람은 그 누구도 아닌 바로 나 연구자 자신이다. 상급자는 전체적인 관점에서 일을 바라보기 때문에 숲과 나무의 비유를 들자면 숲(업무의 방향성)은 보기가 쉽다. 나무 한 그루에 대한 이해도와 관심은 그 일을 하고 있는 당신이 가장 전문가다.

겪어 본 대부분의 상사가 위와 비슷했다. 처음에는 내가 하고 있는 일에 관심이 없는 줄 알았다. 그런데 내가 이제는 조직 안에서 다른 사람들의 일을 관리하는 역할을 담당해 보니 솔직히 말해 나 자신도 그렇게 변해 갔다. 동료의 업무가 전체적으로 무엇을 하는지 큰 그림에 대해서는 이해하고 있지만 세세하게 실험 결과가 어떻게 진행되었는지 바로 알 길은 없다. 참고로 굉장한 마이크로 매니저(micro-manager, 사소한 일까지 챙기는 사람)와 1년간 일한 적이 있다. 그는 정말 팀원 하나하나의 일을 자기 일 챙기듯이 관리했다. 놀랍기도 했지만 결과적으로 썩 유쾌한 경험은 아니었다. 모든 것을 통제받는 느낌이 들었기 때문이다. 비록 많이 싫어했던 매니저였지만 다른 종류의 교훈이 있었다. 다른 매니저와 일할 때보다 훨씬 더욱 꼼꼼하게 내 일을 챙긴다는 것이다. 그리고 시간이 지난 후에는 그런 관리가 얼마나 많은 에너지와 노력을 필요로 하는지도 깨달았다. 어쨌든 상사가 '당연히' 당신의 업무를 A to Z로 꿰차고 있을 거란 기대는 금물이다. 챙겨야 하는 사람과 일이 많다는 것을 이해해 주자.

상사는 면담 시기에만 당신을 평가한다?

업무 성과에 대한 최종 평가는 연말에 있기 때문에 나에 대한 전체적인 평가는 그때만 있다고 생각했다. 어리석게도 말이다. 상급자의 입장이 되니 의도하지 않은 상태에서도 늘 같이 일하는 사람들을 '판단'하고 있는 나를 발견했다. 당신을 상사가 감시하고 있는 것이 아니다. 평소 당신이 일을 대하는 태도, 방식, 공식적인 자리에서의 발언, 발표, 회의 준비, 자료의 완성도, 납기 시한, 출퇴근 시간 등등 하루의 모든 일과가 그냥 '자연스럽게' 눈에 들어오는 것뿐이다(이런 것들이 쌓여 당신의 평판이 된다). 이런 모습에 스스로도 놀랐다. 그리고 주니어 시절을 돌아보았다. 섬뜩하고 부끄러웠다. 나 잘난 줄만 알던 때, 상사는 나를 보면서 어떤 생각을 했을까.

일을 잘하는 사람은 누구에게나 인정받는다?

사내 평판에 대해 사람마다 두는 가치는 다를 수 있다. 그런 것 신경 안 쓰고 마이웨이를 고수하는 사람도 있고, 어떻게 하면 눈에 띌까 고민하는 사람도 있다. 직접 겪어 보지 못한 사람을 내 조직에 들여야 할 때, 나와 같이 일했던 사람을 다른 조직으로 보내야 할 때, 평판에 대한 질문이 당연히 따라온다.

일을 잘하는 친구가 있었다. 그동안 말로만 듣고 함께 일해 본 경험이 없는데 우연히 같은 업무에서 일해 볼 기회가 생겼다. 이전 상사에게 물어보니 일을 잘한다는 칭찬을 했다. 말마따나 자료도 깔끔하고 군더더기 없고 완성도도 좋았다. 그런데 나와 딱 하나 맞지 않는 게 있었다. 개인적으론 빠릿빠릿한 일처리를 선호하는데 이 친구는 전반적으로 진행 속도가 더뎠다. 아마도 예전 상사는 그런 걸 감내하거나 또는 크게 신경 쓰지 않는 성격이었던 것이다. 당신의 평판이 좋다고 모든 조직에서 통하는 것은 아닐 수 있다. 상사와의 궁합, 이것도 무시할 수 없다.

진정 어린 태도를 갖는 것

오늘 우연히 '사내 정치와 인정받기'라는 글을 보다가 함께 일하는 후배와의 대화가 생각났다. 그 후배의 동기들이 모여 이런저런 얘기를 하다가, 선배들 중에 진작 진급했어도 될 사람인데 그러지 못한 대표 인물 중의 하나가 바로 나라고 나왔단다. 후배들의 눈에 '능력은 있으나 뭔가 부족한' 선배의 케이스라니 서글픈 얘기다. 그러면서 그 후배의 한 마디 "의전을 좀 더 잘하셨으면 (진급을 잘 할 수 있지 않았을까요?)..." 어떻게 알았지? 내가 의전에는 소질이 없다는 사실을 말이다. 한편으로 선배든 후배든 다른 사람을 눈여겨보고 있다는 것에 새삼 놀랐다.

후배가 나에게 말한 의전의 의미가 정확히 어떤 부분을 가리키는지 더 자세히 얘기를 나누지 않았기 때문에 알 수 없다. 의전=사내 정치라고 단정하는 건 아니다. 넓은 의미로 생각해 보면 상사와 함께

하는 회식도 어쩌면 일상적인 의전의 하나다. 함께 출장을 가서 소위 '가방 모찌'(좋은 표현은 아니지만 적합한 뉘앙스의 대체어가 없다)를 하는 것은 보다 본격적인 의전이다. 나를 되돌아보면 굳이 상사의 눈에 거슬리는 행동을 한 것은 아니지만 그렇다고 맘에 쏙 들게 한 적도 없다. 나는 나, 너는 너라는 주의라서 아무리 상사일지라도 혼자할 수 있는 일은 그냥 두고 싶다. 아내도 항상 나에게 이 점을 주의시켰었다. 회사에서는 제발 그러지 말라고 말이다.

지난 학회 출장이 떠오른다. 여럿이 함께 간 출장의 마지막 회식이 좀 길어졌다. 다른 직원들과 달리 조금 멀리 숙소를 잡은 상무님이 갑자기 나에게 당신을 데려다 달라고 말씀을 하셨다. 어떤 맥락에서 그런 부탁이 나왔는지, 기억은 희미하다. 표면적으로는 당신 혼자 가는 길이 심심해서였다. 상무님이 거나하게 취해서 누가 봐도 모셔다 드려야 하는 상황이라면 또 달랐을지도 모른다. 아니면 우범지대라서 혼자 다니기 꺼려지는 곳이었다면 더 설득력이 있었을 것이다. 상무님과는 달리 나는 정말 넘어지면 코 닿을 곳에 숙소가 있었다. 그말을 들은 이후 머릿속이 복잡해졌다. 정말 가야 하나? 왜 함께 가자고 하지? 나를 시험하는 건가? 같이 안 가면 이상할까? 등등.

결론적으로 나는 그분을 모셔다드리지 않았다. 그것이 그리도 싫었나 보다. 다른 무엇보다 억지스러운 모양새가 마음에 걸린 것 같다. 생각해 보니 그때의 나도 참 재수 없는 행동을 했다. 상사와 부하를 떠나 함께 가는 잠깐 동안 이런저런 얘기도 하고 서로를 알아갈수 있는 기회였을 텐데 말이다.

지금 함께 일하고 있는 동료이자 직급으로는 바로 위에 속하는 팀장이 있다. 그는 누가 싱가포르로 출장을 오면 직급에 상관없이 정말 살갑게 챙긴다. 최근 남자 후배 둘이 출장을 와서 함께 회식을 간단히 했다. 회식이 끝나자 팀장은 두 사람이 묵고 있는 호텔까지 데려다준다고 따라나섰다. 만약 나였으면 "그래, 잘 들어가라" 하고 보냈을 것이라 100% 장담한다. 싱가포르는 꽤 안전한 나라니까 다 큰 성인 남성들을 데려다줄 필요가 있겠나 싶은 것이 내 짧은 생각이었다. 어쩌면 의전이라는 건 상사에게만 잘해야 하는 것이 아니라, 모든 이에게 다 같은 행동을 하는 것 아닐까? 지금 이 글을 쓰면서 지난 학회 출장, 최근 출장자를 대하던 팀장의 행동, 그리고 후배가 내게 말했던 "의전 좀..."이라는 말이 묘하게 오버랩 된다.

말이 길어졌는데 결론은 간단하다. 선배나 상사라고 더 챙겨주고 깍듯이 대하는 의전을 잘하는 게 중요한 것이 아니었다. 특히 누구에게 진정성을 보이는 지금의 내 팀장의 태도를 보면서 격하게 느꼈다. 함께 일하는 동료로서, 그가 선배라면 그에 맞는 예우를 해주고, 동기나 후배라면 살뜰히 잘 챙겨주는 태도가 본질이다. 일을 잘하는 능력은 당연히 필요하지만 사람으로서의 매력을 갖추는 것도 중요하지 않겠나, 이런 생각을 해본다.

남을 것인가, 떠날 것인가

 회사에 입사한 것이 이제 만으로 따지면 8년이고, 햇수로 따져 9년 차가 되었다. 거의 10년째 한 직장에 다니고 있는 건데, 예전 말마따나 10년이면 강산이 변하는 시간이다. 나 역시도 회사라는 조직 안에서 변했다면 많이 변했을 것이다. 모났던 돌이 자꾸 정에 깎여 나가는 것이 사회생활이 아닐까 싶다. 주변 사람들만 봐도 그러하다. 꺠 중에는 여전히 모난 돌도 많지만 예전 같은 날카로움과 독기는 꺾인 듯 보이니 세월 앞에 변하지 않는 것은 없지 싶다. 물론 좋은 방향으로의 변화가 바람직하며 무조건 조직에 충성하는 맹목적인 형태로의 변화는 반기지 않는다.

 최근에 같이 일하는 동료 후배들이 자기 자리에서 적응하지 못하고 고민을 겪는 것을 심심찮게 보고 있다. 때로는 사람들과의 관계 속에서 힘들어하고, 때로는 본인 업무에서 만족하지 못하기도 한다.

일을 하다 보면 문제는 늘 생기기 마련이다. 그런 문제들 속에서 해결책을 찾는 것, 해결하기 위해 노력하는 것이 회사원이 가져야 할 태도 아닐까? 고민이 많은 동료들이 정말 본인이 어떤 업무를 할 때 최선을 다했는지, 전력투구를 하고 나서도 안 되겠다고 생각한 건지 가끔은 의아할 때가 있다. 상사에게 최종적으로 보고되기 전에 미리 나에게 오는 검토용 보고서들이나 제안서를 보고 있노라면 본인 업무에 전문성을 가진 전문가로서 프로페셔널한 마인드를 가진 것인지 의심이 든 적이 적잖이 있다. 자기 일에 대한 프로 의식을 갖자고 몇 번을 반복해서 얘기하는 것이 무슨 의미가 있는 건지 잘 모르겠다.

얼마 전 같은 직급을 모아놓은 교육에서 강사가 이런 말을 했다. 지금 교육을 받는 여러분은 굳이 노사로 따지자면 '사'에 가까운 직군이라고 말이다. 다들 설마하는 눈치였지만 연차가 올라가고 조직 안에서 여러 역할과 책임을 맡게되는 내 입장을 돌이켜 보니 틀린 말은 아니란 생각이 들었다. 그래서일까? 회사에서 업무 집중도, 몰입도를 조사해 보면 고연차 직군일수록 점수가 높다. 회사의 정책이나 방향에 큰 반항이 없는 것일 수도 있고 이미 상대적인 이해도가 높은 것인지도 모른다. 또 하나 냉정하지만 확실히 깨달은 것이 있다. 개개인보다 조직이 더 우선한다는 점이다. 중요한 판단과 결정 근거는 조직에 도움이 되는가라는 대의명분에 있다. 경력이 낮은 친구들을 보면 조직과 구성원의 관계를 바꿔서 해석하는 경우가 많다. 그러다 보니 어떤 결정에 대해 이해하기 어려운 경우가 생긴다. 결국 이런 상황에 적응하지 못하고 다른 곳을 찾는 사람도 있다. 힘들게 들어온 회사인데, 들어올 때는 설렘과 기대로 가득했을 텐데 말이다. 무엇이 그들을 떠나게 만들까? 무엇이 그들의 마음을 돌리게 했을까? 이상과 현실의 괴리, 아직은 여전한 수직적 조직 문화... 내가 뭐라도 된 것인 양 회사를 대변하고 싶지는 않다. 하지만 조직과 개인의 이해관계에 대한 현실을 냉정하게 직시할 필요가 있다는 것이다. 차차 나아지기를 바라며 버티고 개선하다 보면, 언젠가는 자신이 변화의 중심에 설 수 있지 않을까. 더 바람직하게는 지금의 고민들을 잊지 않고 말이다.

조직 생활에 대한 적응이라는 관점에서 떠나고 싶어 사람들을 잡을 것인지, 아니면 남도록 설득할 것인지. 고민되는 요즘이다. 조금 더 부딪혀 보고 싸우면서 자신을 시험해 보는 것도 좋을 것 같다.

점점 흐릿해지는 정체성에 대하여

"에이, 박사님이 왜 이러세요."

주로 문과를 나오거나 경영, 마케팅 관련 업무를 수행하는 분들과 얘기하다가 듣게 되는 말이다. 입사 연수를 받을 때 선배 직원과 매장 활동을 한 적이 있다. 그때 그분이 "제 차에 박사님은 처음 태워 봅니다"라고 했던 얘기가 잊혀지지 않는다. 그들 머릿속에 있는 박사의 개념이 무엇인지 자못 궁금하다. 자기 스스로 연구를 계획하고 추진해서 결과까지 얻을 수 있는 일련의 연구 과정을 마칠 수 있는 사람, 내가 생각하는 박사는 이렇게 요약할 수 있다. 박사라고 크게 다를 바 없다는 말이다.

개인의 브랜딩이니, 조직 안에서 내 위치가 무엇인지 잘 알아야 한다는 등의 얘기를 했지만 연차가 쌓여 갈수록 조바심이 나는 것은 어쩔 수 없다. 연구직으로 입사하고 다른 분야(마케팅 또는 영업 등 완전히 다른 직무)로 옮기지 않는다는 조건을 생각해 보자. 경력개발 방향을 위한 선택지는 딱 두 개다. 조직 관리자 또는 기술 전문가.

회사 일이란 가만히 들여다보면 '기획'에서 '실행'으로 이뤄지는 일련의 과정이다. 일반적으로 기획은 주로 고연차의 몫이고 실행은 주로 저연차의 역할이 된다. 중간 연차는 기획도 하고 실행도 하느라 사실 제일 바쁘다. 나도 그런 중간 연차의 터널을 지나왔다. 그때 경험해 보니 나란 사람은 기획력에 소질이 있어 보였다. 매니징도 나름 잘한다고 생각했다. 중간 연차니까 직접 발로 뛰는 것도 많았다. 어쩌면 둘 다 잘하고 있다고, 앞으로도 잘 할 수 있을 것이라고 믿었을 것이다. 곧 관리자의 위치에 오를 것 같았다. 그때는 몰랐다. 연구자로서의 정체성이 점점 희미해져 가고 있다는 것을. 결국 지금의 괴로움은 그때는 맞았고 지금은 틀린 상황 때문에 생긴 셈이다.

회사 안에는 많은 경쟁자들이 있다. 물론 '네가 나의 경쟁자'라고 지정하고(드라마에서처럼) 그를 저지하기 위해 나쁜 짓이나 암투를 하는 것은 아니다. 경력이 낮은 시절에는 그런 것들이 잘 보이지도 않았고 중요하게 생각하지도 않았다. 앞서 말한 중간 연차쯤에는 자신감이 넘쳤다. 10년쯤 넘어가니 그제야 현실이 보이기 시작했다.

언젠가 어떤 선배가 "회사에서 연구원을 1등부터 꼴등까지 줄 세우면, 너는 몇 번째쯤 일 것 같니?"라는 질문을 던진 적이 있다. 내가 누군가를 경쟁자로 선택하거나 말거나 자연스럽게 경쟁의 구도에 빠질 수밖에 없다. 나와 비슷한 연차에 있는 직원들은 다들 착실하게 자기 위치에서 한 계단 한 계단을 올라온 사람들이다. 누군가 눈에 띌 만큼 훨씬 낮지 않은 이상, 비슷한 선에서 경쟁을 할 수밖에 없다. 그 경쟁은 결국 자리(매니저)싸움이다. 어차피 조직에서 허락하는 자리는 한정적이다. 임원에 대해서는 말해 무엇하랴.

팀장 후보군에 남들보다 일찍 도달했다고 생각했는데, 조금씩 조금씩 멀어져 가는 나를 보며 자신감을 잃는다. 처음부터 기술에 대한 전문성을 바탕으로 연구직에서 크게 발을 떼지 않았으면 어땠을까 하는 후회가 들 때가 있다. 관리자가 아니라도 할 일은 많은데 말이다. 적어도 연구개발자로 회사에서 필요로 하는 특정 분야에서 인정받는 위치에 이르렀다면 지금의 상실감은 조금 덜할 텐데... 하는 그런 후회가 문득문득 든다.

'나의 이야기'를 진실되게 하는 것

브런치에 쓴 글이 손이 꼽을 정도로 매우 적던 시절에 재미난 경험을 한 적이 있다. 가족여행을 떠난 곳에서 잘 쉬고 있는데 갑자기 애플워치에 띵~ 하고 알림이 오는 것이다. 브런치에 내 글의 조회수가 천명을 넘었다는 메시지가 선명하다.

'응?'

이상한 일이었다. 그렇게 될 리가 없었다. 내 브런치의 구독자분들도 손에 꼽을 정도이고, 아무도 안 보던 글의 조회 수가 갑자기 늘어날 수가 있나? 그런데 또 얼마 지나지 않아 2천, 3천, 4천을 알리더니 그날 밤 최종적으로 7천을 넘었다. 도대체 왜 그런가 싶어 유입경로를 봤더니 카카오톡 채널을 통해서였다(카카오톡 채널이란 게 있다는 것을 처음 알았다).

좀 더 알아보니 카카오톡 채널에 '이거 보셨어요'라는 섹션에 내가 쓴 글이 링크되어 있어 평소보다 많은 방문객이 오게 되었던 것이다. 많은 사람들이 온 기쁨보다는 왜 그 글이 올라가게 되었나? 하는 이유가 더 궁금했다. 그 글이 바로 이 책의 맨 처음에 나오는 '누군가 나에게 당신의 꿈이 뭔가요라고 묻는다면' 이다.

글쎄, 해당 섹션의 에디터 마음에 드는 글이었을까? 아니면 우연히 운 좋게 선택되어진 것이었을까? 크게 감동을 주거나 문학적으로 우수한 글은 절대 아니었다. 아마도 글을 읽은 어떤 분에게 나름의 진정성이라는 게 느껴지지 않았나 하는 추정을 해 보았다.

어제 회사에서 작은 심포지엄을 하나 진행했다. 우리 팀에서 주관하는 일이라 이래저래 신경이 많이 쓰였던 행사였다. 여러 교수님들을 강연자로 초청했는데 내공에 따라 발표하는 내용이나 스킬에서 차이가 크게 나오는 걸 다시 한번 느꼈다. 무엇보다도 남이 했던 연구를 정리만 해서 오신 분과 당신이 직접 수행한 일을 결과로 가져오신 분 사이의 차이가 크게 다가왔다. 물론 다른 사람의 연구 결과들을 정리한다는 것도 쉬운 일이 아니다. 작은 논문이라도 다 확인을 해야 하고, 자신만의 이해를 통해 머릿속의 정리가 필요하기 때문이다. 기본적인 지식의 깊이가 없으면 하기 어려운 작업이다. 하지만 뭔가 아쉬운 부분이 있었는데 알고 보니 '나의 것'이 빠져 있었던 점이다. 반면에 직접 수행했던 연구 결과를 보여 준 사람의 내용이 더 풍부하고 의미 있게 다가왔다.

연구직에 있다 보니 내 연구 내용을 발표한다는 것의 어려움을 누구보다 잘 안다. 한마디 말을 하기 위해 여러 차례 반복실험을 수행해야 하고, 그런 고충과 고민 끝에 나만의 결과물이 탄생한다. 그런 결과들이야말로 '진정성' 있는 내용일 것이다.

회사에서 일을 하다 보니 자꾸 진정성 있게 무언가를 보여줘야 한단다. 내가 보기에 충분히 진정성을 갖췄다고 생각하는데 그걸로는 여전히 부족한가 보다. 진정성에 대한 질문과 챌린지를 하도 많이 받다 보니, 연구개발 방향의 문제인지, 이도 저도 아니면 애초에 내 진정성을 이해하지 못하는 사람의 문제인지, 그것이 매번 고민이다. 어쩌면 각자 생각하는 진정성에 대한 정의가 다른 채로 소통하고 있는 것인지도 모른다.

원하지 않는 일을 해야 할 때

 현 직장은 나의 첫 직장이고, 햇수로 13년째를 맞고 있다. 뒤돌아보면 좋은 일도, 힘든 일도 있었다. 보통 회사 생활의 가장 큰 문제는 사람에게서 온다고 한다. 나도 사람 때문에 어렵던 때가 있었다. 하지만 입사 이래 작년 말부터 올 초반은 다름 아닌 '일 그 자체'로 정말 힘들다는 생각이 많았다. 이런 고민과 어려움의 이유는 일을 받아들이는 내 마음의 갈등 때문이었다.

 회사를 다니는 연구원이라면 자기가 하고 싶은 일을 하면서 월급도 받으니 좋겠다고 생각을 할 수 있다. 회사에서는 연구직이라고 자기가 하고 싶은 분야와 관심에만 열정을 쏟을 수는 없다. 회사원이다 그렇듯 조직이 나아가고자 하는 전략과 방침에 따라 해야 하는일, 즉 연구 주제나 내용이 영향을 받는다. 나 역시 그런 면은 인정해야 한다고 생각한다. 회사는 학교가 아니다. 내가 가진 능력을 '프로

답게' 보여줘야 하는 곳이다. 그런 마음가짐으로 지난 10년간 한쪽 분야에서 일을 해왔다. 십분 능력을 발휘해서 조직에서 인정도 받고, 일의 방향성과 전략도 생각했다. 앞으로의 플랜도 잘 세워두었다. 2~3년 동안 앞으로 어떤 연구를 해야겠다는 기술 주제와 나아갈 방향 등을 말이다. 그걸 실현하려는 굳건한 마음과 함께.

작년 초, 상사의 판단에 의해 갑자기 그동안 해오던 일과는 달리 전혀 다른 연구 주제로 이동을 당했다(!). 내가 원해서 한 일이 아니었다. 적잖이 당황스러웠지만 그 연구와 관련된 중요한 프로젝트의 마무리가 필요한 시점이라 마치 구원투수처럼 나를 등판시킨 것으로 이해했다. 정확한 비유는 아니지만 타자 역할을 하던 사람을 투수로 뛰게 한 것과 비슷하다. 솔직히 말해 해당 주제에 대한 일을 잘 몰랐다는 말이다. 부끄러운 일이다. 하지만 그때는 이것저것 생각할 겨를도 없었다. 과제를 수행하는 새로운 멤버들과 익숙해지기도 전에 과제의 성공을 위해 일을 받아들고 진행했다. 일 년 뒤, 연구 주제는 그대로인데 이번엔 아예 부서 자체를 다른 연구소로 옮겨 버렸다. 이번에도 나의 의사는 전혀 반영되지 않았다.

'다른 누구도 내 인생을 대신 살아주는 것 아닌데'라는 생각에 이 시점부터 많이 혼란스러워졌다. 회사에서 커리어 관리를 (대단하지는 않아도) 차곡차곡 쌓아오고 있었다. 하지만 뜻하지 않은 변화는 기존의 내 계획을 전면 수정해야 할 필요성을 느끼게 했다. 어떤 선배는 좋은 기회라며 새로운 일을 잘 배워두라고 다독여 주었지만 마음은 갈피를 잡지 못했다. 무엇보다 의사와 상관없는 결정을 내려버린 윗

사람에 대한 불만과 불신, 미래에 대한 걱정, 나아가서 조직에 대한 불만으로 커져갔고 누군가가 "요즘 어때?" 하고 물으면 "재미없어"라는 대답이 진심에서 튀어나오는 지경에 이르렀다.

　그렇게 석 달이 지났다. 그사이 크게 달라진 점이 있다. 만약 내가 지금 하는 일을 바꿀 수 없다면 연구를 한 번 제대로 해보리라 마음을 먹게 된 것이다. 작년에 주어진 과제는 얼떨결에 완료했지만 그건 이미 갈 방향이 정해진 일을 아름답게 마무리하는 일이었다. 이제는 나만의 관점이 필요한 상황으로 바뀌었다. 갈 방향을 잡지 못하는 이유를 차분히 생각해 보니 답이 나왔다. 이 분야에 아는 것이 없고 경험이 없었다. 그러니 어떤 일을 해도 재미가 없을 수밖에. 이 일을 겪으면서 자신감과 연구 분야에 대한 지식이 없으면 일의 재미가 없을 수 있다는 것을 알게 되었다.

　논문을 보기 시작했다. 기술쟁이에게 제일 쉬운 접근법은 공부다. 무슨 일을 하려면 남들은 그동안 무슨 연구를 했는지 알아야 한다. 그렇게 뭐라도 알아야 남들과 토론 할 때 한 마디라도 거들고, 스스로도 하고 싶은 일을 만들어갈 수 있다는 나만의 절박함이 만들어졌다. 매일 한 편 정도 논문을 보면서 몇 달이 지나니 슬쩍 자신감이 생겼다. 대충 돌아가는 판도 보이기 시작했다. 남이 해오던 연구가 아닌 내가 기획하는 연구 주제를 제안해서 일을 만들기 시작했다. 일을 만드는 건 지난 10년 넘게 터득한 노하우가 있으니 그렇게 어렵지 않았다.

　슬슬 재미가 붙었다. 여전히 고민은 남아있고, 새로 옮긴 부서의 조직 문화가 이전에 있던 곳과는 매우 이질적이라 적응이 쉽지 않았다. 하지만 이렇게 엉뚱한 상황에서 스스로 살아남을 방법을 강구하는 것도 나를 단련시키는 좋은 기회라고 믿었다.

결론적으로 어떻게 어려운 상황을 돌파했는지 돌아보니, 내가 주체가 되어 일을 만들어서 끌고 가는 순간부터 터닝 포인트가 생긴 것임을 깨달았다. 순서상으로 따지자면 절박함이 먼저였다. 그걸 채워주기 위한 관련 지식의 습득은 다음이었다. 회사에서 내가 하고 싶은 것만 할 수는 없다. 그러나 적어도 내가 원하는 방향으로 일을 끌고 올 수는 있어야 한다. 때로는 잘 모르는 영역 또는 원하지 않는 분야에서도 즐거움을 찾으며 살아남을 방법이 있는 셈이다.

Follower로서의 회사 생활_상사만 죄냐

　다소 도발적인 부제를 붙여보았다. 조직의 중간 세대로, 중간 관리자로 몇 년간 경험을 하다 보면 자연스럽게 상사를 바꾸게 되지만, 그와 더불어 같이 일하는 후배 사원도 생각보다 많이 바뀌었다. 퇴사를 비롯해 다른 팀으로 이동한 후배들의 사례를 돌이켜 보면, 나를 포함해 같이 일하는 사람들과의 갈등이 적지 않았다. 각종 조사에서 회사를 그만두고 싶은 이유의 1위가 '사람 때문'이라는 씁쓸한 현실은 내가 속한 곳이라고 별로 다르지 않은 셈이다. 정말 새로운 일을 찾아가는 경우도 있다. 팀장과의 갈등으로 팀을 옮기고 싶어서 나에게 면담을 요청했던 과거 팀 동료도 있었다. 워낙 일을 잘하던 사람이라 내심 말렸지만 원하던 대로 새로운 팀으로 갔다. 그는 새로운 환경에서 잘 지내고 있다. 그렇게 해서 생긴 빈자리엔 신입이 들어온다. 또 누군가는 퇴사를 한다. 사람이 들고나는 것 또한 다이나믹한 회사(조직)의 모습이다.

시중에는 '좋은 리더 되기'에 대한 덕목이 넘쳐난다. 그리고 늘 회사에서 강조하는 것도 바로 리더십이다. 바람직한 리더의 모습은 시대에 따라, 환경에 따라 조금씩 달라져 왔다. 과거와는 달리 이제는 강력한 독재자 스타일, 즉 보스가 아닌 리더가 되라고 강조한다. '섬기는 리더십이 필요하다', '매니징이 아닌 리딩을 해라', '리더의 자질 함양이 문제다', '21세기의 리더는 이래야 한다' 등등 리더를 위한 교육의 기회는 차고 넘친다. 리더에게 많은 짐을 지워준다. 리더는 다 받아주어야 하고 들어주어야 한다. 후배 사원들에게 기회를 제공하고 성장할 수 있도록 도와주라는 것을 엄청나게 강조한다. 그러지 못하면 무능한 리더가 되는 것처럼 말이다.

그와는 달리 안타깝게도 좋은 후배 사원(Follower나 Junior로 표현)에 대한 교육이나 자기 성찰은 상대적으로 매우 부족하다. 아니, 거의 없다고 봐도 무방할 듯싶다. 리더가 잘하면 다 잘 될 것이라는 믿음은 어디에서 오는 것일까? 많은 후배 사원들을 겪어보고 난 후 조직 측면에서 리더에게 요구되는 것만큼이나 팔로워의 태도도 매우 중요한 요소라고 나름의 결론을 내려본다.

가끔 생각해 본 적이 있다. 나는 괜찮은 후배였었나? 선배에게 부끄럽지 않았던가? 이런 생각들을 하다 보면 좀 무안했던 과거의 행적들을 저기 어딘가 묻어버리고 싶어진다. 어린 시절, 내 주제 모르면서 상사를 욕하고 무능하다고 비난했던 것이 기억나 부끄러워지곤 한다. 지금도 잊지 못할 사건 하나가 있다. 동료와 메신저를 통해 열심히 사수를 흉보던 중 마침 물어볼 것이 있어 내 자리로 왔던 바로 그 사수. 당황해서 창을 닫지 못하고 어버버 하던 와중에 아마 그 사수는 내 생각이 어떤지 다 읽고 있었을 것이다. 정말 지금 생각해도 미안하고 무안하다.

　요즘의 후배 사원들은 어떨까? 개인의 능력으로는 어디 모자랄 것 없는 사람들이다. 높은 경쟁률을 뚫고 들어온 만큼 일도 잘하고 나에겐 전혀 없는 능력과 경험도 풍부하다. 그런데 어딘가 부족하다고 느꼈던 것은 결국 사람과 사람이 함께 일하는 조직 구성원으로서 남을 존중할 자세를 갖고 행동을 하지 않았던 부분들이다.

　· 위기를 모면하려고 거짓을 말하는 후배가 있었다. 그의 사수가 나에게 어쩌면 좋겠냐고 심경을 토로했다. 확인해 보니 정말 거짓을 얘기하고 있었다. 한편으론 그가 그런 행동을 하도록 몰아세운 리더의 잘못도 있었지만, 그렇다고 거짓된 행동이 정당해지지는 않는다.

　· 회의할 때면 언제나 핸드폰의 메신저를 끼고 사는 사람이 있었다. 그때가 아니면 안 되는 급한 문제도 물론 있다. 하지만 항상 그렇다면 그건 회의에 참석하는 자세가 잘못된 것이 아닐까. 해결해야 할 문제가 급해 메신저로 주고받아야만 하는 상황이라면 양해를 구하고 회의를 떠나는 것이 맞다.

　· 누구보다 자신의 상황이 가장 어렵고 힘들다고 하는 사람이 있었다. 그러다 보니 상사로서, 리더로서 신경을 많이 쓰게 되는데 내가 아무리 노력을 해도 후배의 만족도는 낮다. 그 후배는 하지 않아도 될 실험을 만들어

서 하고, 왜 그런 자신의 노력을 인정해 주지 않는지 이해가 되지 않는다고 항변했다. 주말에도 일했으니 자기가 얼마나 대단한 노력을 하고 있는 사람인지 알아달라고 했다. 자신의 행동이 다른 타인들로부터 지적을 많이 받자 울면서 나는 억울하다고 토로하는 후배도 있었다. 객관적으로 볼 때 억울한 것은 동료들이었는데 말이다.

· 정해진 일만 딱 하면서 지금의 일이 성에 차지 않는다고 불평하는 사람도 있었다. 직장에서 일을 다루는 태도가 누구나 다르기 때문에 뭐라 말하기 쉽지 않은 부분이지만, 스스로 높은 목표가 있다면 그에 걸맞은 행동을 보여줘야 하지 않을까. 말과 행동이 다른 후배는 쉽지 않았다.

위에서 말한 예시의 내 후배이자 동료들은 내가 아닌 다른 리더와 함께했다면 모두 아름다운 미담으로 바뀔 수 있었을까? 잘 모르겠다. 타고난 리더십을 가진 사람이 있을 수도 있다. 하지만 많은 경우 조직 안에서 교육과 여러 기회를 경험하면서 리더로 길러진다. 그런데 리더도 '길러져야' 하는 것처럼 팔로워도 '알아서' 성장하지 않는다. 90년대생, 밀레니얼들이 다수가 되어가는 이 시점에서 리더십과 함께 팔로워십followership에 대한 고민의 방향이 어떻게 되어야 할지 생각해 본다.

눈치 보기? 코드 맞추기? 아니 좌절 맛보기

에피소드 1

최근 유명 기업에 입사를 한 K는 연수 과정을 성공적으로 마치고 부서에 발령받았다. 부서 연수 이후에 부서별로 현업에 대한 적응 과정인 OJT(On the Job Training)를 한 달간 끝내니 부사장님이 신입사원들과 함께 회식을 하자고 했다. 신입사원들이 모여 어디에서 회식을 할까 논의를 했다. 그들의 의견은 자연스럽게 근처에 있는 괜찮은 패밀리 레스토랑으로 결정되었다. 간만에 스테이크에 맥주 한잔할 생각을 하니 기분이 좋아졌다. 옆에 있던 선배가 K에게 물었다.

"오늘 회식 있다면서요? 좋겠네~"
"네. 부사장님이랑 회식은 처음이라 긴장되네요."
"처음엔 다 그렇지. 그래, 어디서 먹을 거예요?"
"○○○ 패밀리 레스토랑이요."

"헐... 정신이 있는 거예요? 부사장님은 그런데 안 좋아하신다고. 신입사원들 아직 뭘 잘 모르네. 그분은 고기 굽고 소주 마시는 걸 좋아하시지. 빨리 다른데 알아봐요."

"헉... 그런가요? 저희보고 결정하라고 하셨다던데."

"으이그, 이러니 아직 신입이지."

에피소드 2

상무님이 각 팀별로 미팅을 하자고 하셨다. 미팅은 오후에 시작해서 저녁 식사까지 연결되는 코스였다. 팀에서 해마다 돌아가며 일을 맡는 총무 역할의 사원 Y는 요 며칠 안절부절못했다. 그 모습을 본 동료 K가 물었다.

"왜 그래요 Y씨? 걱정이라도 있어요?"

"상무님이랑 미팅하고 저녁 식사를 어디서 하는 게 좋을지 몰라서요."

"음... Y씨가 먹고 싶은 건 없어요?"

"저야 있지만... 상무님이 어떤 걸 선호하시는지 잘 모르다 보니...."

"○○팀 팀장님이 상무님 취향을 잘 알지. 그 사람한테 물어봐요."

"이미 물어봤는데 특별히 메뉴를 지정해 주지는 않던데요."

"저번에 보니 치맥 좋아하시던데."

"그럼 그리로 갈까요?"

살다 보면 자연스럽게 개인적인 호불호가 생기기 마련이다. 회식

자리도 예외는 아니다. 어떤 사람은 소주를, 어떤 사람은 맥주를, 또는 소맥을 즐긴다. 〈에피소드 1〉에서 패밀리 레스토랑을 선정한 신입사원이 문제일까? 부사장님이 이번 회식은 본인 취향을 뒤로하고 까마득한 후배들의 취향을 받아줄 수는 없었을까? 상사가 좋아하는 것을 존중해 주는 것도 필요하다. 그러나 회식은 한 사람의 취향 고백을 듣는 자리가 아니다. 지위가 높다고 내가 원하는 곳으로만 가! 이렇게 된 회식 자리가 모두에게 만족스러울리는 만무하다.

이 현상은 회식으로 끝나지 않는다. 나보다 높은 자리의 사람이 뭘 좋아하는지, 어떤 표현을 선호하는지, 어떤 사업 아이템에 관심 있는지 살핀다. 그리고 그걸 제시한다. 이것을 전략적으로 이용하라는 처세론도 있다. 내 의견을 관철하고 싶다면 내가 중요하다고 생각하는 것보다 상사의 눈에 들 것을 제시해라. 맞는 말이다. 하지만 과연 바람직한 상황일까?

"우리 회사는 열정 있는 신입사원을 모집합니다. 우리는 늘 열려있는 자세와 마음가짐으로 새로운 아이디어를 환영합니다. 누구나 평등한 문화를 통해 자유로운 의견을 내고 귀담아듣습니다.실패를 오히려 장려합니다. 실패 없는 성공이란 없으니까요."

이처럼 겉으로 자랑하는 회사의 문화와 가치는 대부분 좋은 말로 되어 있다. 문제는 실천이다. 그리고 실제 상황이다. 누구나 자기 의견을 낼 수는 있지만 답은 이미 결정되어 있다면 누가 자기 생각을 말할까? 신입사원들의 좌절은 작은 것에서부터 시작된다. 회식 장소 하나에도 자율성이 없는데 일하는 분위기는 짐작이 되지 않겠는가. 당당하게 자기 의견을 얘기하던 후배는 해가 갈수록 답을 가진 선배와 상사의 마음에 맞는 아이디어를 개진한다. 실패는 최소화하려고 한다. 회사의 문화는 그런 식으로 견고해진다. 이런 문화의 정착이 절대 바람직한 방향이 아니라는 생각에 마음이 답답하다. 선배로서 어떻게 더 나은 문화를 만들 수 있을지 고민은 계속 남는다. 어쩌면 나도 이제는 기존의 체계에 익숙한 '고인물'이 아닌가 반성도 해 본다.

개지랄에 대한 단상

회사를 떠나신 선배의 페이스북 로그 중에 심히 가슴에 와서 닿은 이야기라서 그의 표현 그대로를 가져와 봤다.

"일이 틀어지고 나서 "내가 그거 그렇게 하지 말자고 수십 번도 더 얘기했는데, 소용이 없었어요." 얘기한다고 책임에서 벗어날 수는 없다. 예전에 읽은 책에서 사람은 변하지 않으려는 관성이 있기 때문에, 무언가 변화시키려면 너무하다 싶을 정도로 개지랄을 떨어야 얘기한 거지, 점잖게 한마디 한 것은 안 한 것과 같다는 얘기를 읽었다."

사람은 쉽게 변하지 않는 관성이 있다는 것에 동감한다. 그리고 '개지랄'이라고 표현은 되었지만 결국 얼마나 열심히 설득했느냐가 핵심이다. 이 개지랄이 부족했던 것을 느낀 두 가지 경험이 있다. 하나는 나의 동료에 대한 것, 나머지는 상사에 대한 것이다.

같이 일하는 친구들에게 간단히 이력서를 써보라고 했다. 나도 이력서를 써 본 입장에서 보면, 한 줄의 이력 사항을 넣는다는 것이 보통 일이 아님을 실감하게 된다. 자기 사업의 여부를 떠나 살아가면서 본인의 커리어 관리를 '잘'할 이유는 많다. 거창하게 자아실현이라는 것을 떠나서도 이력 관리는 중요한 것이다. 물론 당장 현업을 하는데 '내 이력서가 무슨 소용인가, 이미 회사도 들어온 마당에'라고 생각한다면 참 안타깝다. 후배 사원들에게 이력서 요청을 하고 한 달이 넘게 지난 시점에서 물어보니 어느 누구도 써놓지를 않았다는 걸 알게 되었다. 사실 난 그다음 질문을 준비하고 있었다. 써보니까 어떤 점이 느껴지던가? 앞으로 어떤 것을 채울 수 있을까? 이런 얘기를 주고받고 싶었던 거다. 경력을 되돌아보고 더 성장하기 위한 동기를 부여하고 싶었다. 내가 좀 강하게 푸시했다면 아마 당장에라도 썼을 것이다. 그냥 권하기만 하였더니 행동에 변화가 없었다. 개지랄을 떨지 않았더니 아무 일도 일어나지 않았다.

상사와의 케이스는 진행하던 과제 때문이었다. 과제의 아이디어도 그분이, 그리고 최종적인 아웃풋(성과) 이미지도 이미 그분 마음속에 있었다. 난 그냥 그걸 실행해서 구현해야 하는 임무를 맡게 되었다. 문제를 해결하고자 하는 접근 논리에 대한 동의가 안 되니, 결과가 나온다 한들 해석하기도 난해한 문제였다. 하지만 위에서 시키는 일이라는 핑계로 2년 가까이 그 일을 끌고 갔었다. 운이 좋게도 중간

마다 의미 있는 과정과 결과들도 있었으나 전체적으로 보면 아까운 시간이라고 생각한다. 나중에 시간이 지나고 나서 다른 동료가 "네가 그때 다르게 생각했었다면 강하게 어필했어야 했다"고 말했다. 그랬다. 필요하다면 의지를 갖고 싸울 필요가 있었다.

'개지랄'에 대해 페이스북에 내가 포스팅한 글에 달린 댓글 중에 '집요하고 전략적으로' 얘기하지 못하고 일을 그르친 후, 그저 불평만 늘어놓는 다른 이들에 대한 언급이 있었다. 그러니까 내가 정말 이루고자 하는 바가 있다면 강하게 밀어붙일 필요가 있다. 필요하다면 욕먹더라도 그렇게 해야지. 욕먹기도 싫고 그냥 좋은 게 좋은 것, 이런 식으로는 한 발자국도 나아가지 못하더라.

'누가'보다는 '왜'로 결정하자

회사 일에서의 결정을 생각해 본다. 업무는 늘 결정의 연속이다. 이 일을 해야 하는지, 한다면 누가할지, 또 어떻게 해야 좋은지, 하기로 했는데 이게 맞는지 등등. 그나마 결정을 한 번 해서 그대로 진행하자고 결론을 내리는 것으로 끝나면 다행이다. 진행하면서 또 계속 해야 하는지, 전략을 수정해야 하는지, 문제는 없는지 확인하고 방향을 수정하기도 한다. 결정해야만 하는 일이 일상적으로 생긴다. 큰 결정을 하는 것은 아무래도 임원의 몫이다. 그걸 수행하는데 필요한 결정은 단위 부서로 내려오고, 그 안에서 작은 결정은 다시 담당라인으로 전달된다.

사람들과 얘기해 보니 작은 결정에도 많은 두려움이 있음을 알게 되었다. 이유는 대부분 '확신'이 없기 때문이라고 한다. 내가 결정한 (또는 남이 정해 준) 연구개발 방향이 맞는지 모르겠다는 것이다. 나는 실험을 통해 데이터를 얻고 그 데이터를 기반으로 일하는 연구원이다. 객관적인 데이터의 힘을 신뢰한다. 연구원 후배들도 나와 다르지 않을 것이다. 충분한 데이터가 있다면 어떤 결정을 내리는 데 힘이 된다. 그렇지만 실험이 아닌 연구의 방향을 잡거나 업무 방향성을 고민하다 보면 뒷받침을 해 줄 데이터라는 것이 부족하기 마련이다. 후배 사원들의 '자기가 맞는지 모르겠다'는 고민이 이해가 되는 지점이다. 아이러니하게도 나는 전략적인 선택을 해야 할 때는 직관의 힘을 믿는다. 데이터와 레퍼런스는 직관에 의한 선택(결정)을 백업해 주는 '객관성의 옷을 입은 주관적 근거'이다. 여기엔 한 가지 주의할 점이 있다. 간혹 내가 보고 싶은 것만 볼 수 있다. 흔히 확증편향이라고 부르는 그것 말이다. 엄연한 반대 결과가 있는데 이를 완전히 무시하면 낭패다. 따라서 균형 잡힌 시선이 필요하다.

후배가 다시 한번 나에게 물어본다. "이게 맞나요? 결정해 주세요." 사실 누가 알겠는가. 나도 솔직히 잘 모른다. 백만스물한 가지의 가능성 중에 하나를 가설로 결정하고 수행해야 한다. 상사인 내가 결정을 해줄 수는 있지만(그게 내가 하는 일이기도 하다), 그 일을 가장 잘 아는 사람은 담당인 본인 자신이다. 상사의 결정을 바라는 것은 혹시 자신감과 확신의 문제가 아니라 책임의 이유가 아닐까 하는 생각이 들었다. 어쩌면 방법론적인 문제로도 연결된다. 애초에 질문이 잘못되었는지도 모른다. '누가' 결정하는가 보다 '왜 그렇게' 결정하는지가 더 중요하다. 이에 대해 토론해 본 적이 있는데 경험과 연차에 따라 생각들이 달랐다. 개인적으론 낮은 연차에게 좀 더 선배의 가이드가 필요하다는 데 동의한다. 그러나 일을 받아서만 하면 분명히 그 사람의 성장에 한계가 있다고 생각한다.

오늘도 누군가가 물었다. 정책적인 부분에 의사결정이 필요한 사안이 생긴 경우다.

"어떻게 하면 좋을지 결정을 해주세요." 그래서 나도 물었다. "당신의 생각은 어떠세요?" 본인의 생각을 말한다. 두 가지 정도 방향이 있는데 무엇이 되었든 결론이 나면 좋겠단다. 그리고 마지막 말은 "결정해 주세요." 였다.

내가 부하직원에게 바라는 것은 어떻게 결정할 것인가인데, 그는 자꾸 누가 결정하는지를 요구한다. 같은 상황에서, 차라리 질문을 이렇게 하면 더 좋겠다.

"이런 문제가 있어 A안과 B안이 있습니다.
각각의 장단점은 ○○○입니다.
저는 A안이 더 바람직하다고 생각합니다.
당신(상사)의 생각은 어떠신가요?"

또한 이와 같은 상황에 놓인다면 감정적으로 대응하지 말고 숙고해서 논의하면 더 바람직하다. 간혹 당시 상황의 감정들 때문에 본질을 놓치는 경우가 있기 때문이다. 적극적으로 의견을 개진하고 자기가 결정을 내릴 수 있는 훈련을 많이 했으면 좋겠다.

상사의 고민을 물어본 적이 있나요

오늘 다른 팀의 후배와 점심을 같이 했다. 이런저런 얘기들로 즐겁게 식사를 마치고 나와 회사로 돌아오는 길. 대뜸 나에게 요즘 고민이 무엇이냐고 묻는다.

나: 지금 고민 상담해 주는 겁니까?
그: 그럼요. 우리는 (서로 다른 팀이어서 상호 간에) 이해관계가 없잖아요.

회사 다니면서 동기나 비슷한 연차와 비슷한 직급의 동료들과는 고민을 나누긴 했어도 후배에게 내 고민을 털어놓는 건 거의 없었던 것 같다. 물론 그걸 물어 본 사람도 없었다.

물어봐 주는 것이 고마워서 솔직한 고민을 털어놓았다. 상대는 훌륭한 제안도 해주었다. 참 재미있고 괜찮은 사람이라는 생각이 문득 들었다. 돌아오는 길에 나에게 자기네 팀장은 어떻게 지내냐고 물어보길래 웃음이 나왔다.

나: 아니 왜 그걸 나에게 물어봐?

그: 아무래도 직접적인 관계가 있으니 물어보는 건 어렵죠.

나: 왜? 난 내 후배 사원이 나한테 그런 걸 물어봐 주면 고마울 것 같은데.

그러고 보니 나도 상사에게 "요즘 어떤 고민 있으세요?"라고 물어본 적이 없다. 아니, 궁금했던 적은 있었을까?

내 앞가림 하는 것이 바쁘다는 핑계도 있었지만 내 것을 지키고 인정받기는 무척 욕심내면서 정작 바로 윗사람이 가진 고민엔 무심했다는 생각이 들었다. 당연히 상사라면 후배의 고민을 들어주고 풀어주는 것이 제 역할이라고 본 것이다. 내 입장에선 후배는 선배가 어떤 고민을 가지고 있는지 궁금해할 필요 없이 가만히 있어도 괜찮은 것이었다. 어쩌면 내리사랑은 있어도 치사랑은 없다는 말도 그런 맥락일까.

내 보고의 고객은 누구일까

어제 옆 팀 팀장님과 같이 저녁을 먹으며 이런저런 얘기를 나눴다. 개인적인 주제로 시작하지만 결국 늘 돌아오는 것은 회사, 일 얘기일 수밖에 없다. 그러다 보면 자연스럽게 부하직원에 대한 이야기가 나온다. 어제의 핫한 주제 중 하나는 주간 단위 보고서에 대한 불만족이다. 같이 일하는 동료(후배) 직원들의 리포팅 내용이 너무 허술하다는 것이다. '허술'이라는 표현의 의미가 어떤 것인지 좀 더 얘기를 들어보았다. 가만히 듣고 숨은 뜻을 해석해 보니 상사에게 보고되는 내용과 체계가 어딘가 부족하다는 말이 더 맞겠다. 그들의 주간 업무 보고 내용을 정리하여 다시 윗선인 상무에게 보고해야 하는 팀장 입장에서 난처한 점이 많다는 것에서 우리는 공감대에 이르렀다. 나 또한 비슷한 생각을 한 적이 많이 있었다.

'왜 자신의 보고 내용을 이렇게밖에 못(안) 쓰지'

이 질문을 다시 생각해 본다. 주간 업무 리포트에만 국한된 것은 아니다. 최근에 어떤 일에 대한 자료 작성 건이 있었다. 예전 같으면 내가 간단히 처리할 수 있음에도 일부러 같이 일하는 후배들에게 작성을 요청했다. 언제까지 내가 할 수도 없는 일이고, 일하는 방법을 스스로 배우게 만들 필요도 있기 때문이다. 마침 이번에는 취합을 원하는 양식이 있어 '이 정도면 수월하겠군' 하고 메일을 회송했다.

3명에게 부탁했더니 3인 3색이다. 양식에 정확히 부합해서 오는 사람, 양식에 맞추긴 했는데 뭔가 빠뜨린 사람, 아예 이메일에만 급하게 회신하는 사람. '최소한 작성 가이드를 읽어보고 첨부 파일은 열어보았으면…' 하는 안타까운 마음이었다. 양식이란 하나의 약속이다. 지키지도 않을 양식이라면 만들 필요가 없다. 심지어 첨부파일을 열어보지도 않은 경우는 참 당황스러웠다. 요청받은 그 사람들은 왜 그걸 지켜야 한다는 생각을 하지 않았을까? 형식보다는 내용이 더 중요하다고 생각하는 사람이지만 최소한의 약속은 지킬 필요가 있다. 이번 일을 통해 요청에 대한 의도를 잘 파악하지 못한 동료 후배들의 행동과 생각에 실망감이 들었다. 자신의 행동이 미칠 결과(이메일을 받아서 다시 제출해야 하는 요청자)에 대한 배려와 섬세함의 부족이 안타깝게 느껴졌다.

아까의 얘기로 다시 돌아와서, 옆 팀장님은 어디선가 읽은 내용을 염두에 두기 시작하면서부터 보고서에 대한 기대를 좀 낮출 수 있었다고 한다. 그 글의 내용은 이렇다고 한다. 다른 누군가의 보고서나 피드백은 어차피 내 기대에 5% 정도밖에 부응하지 않으니, 상대나 부하 직원에게 기대하는 마음을 내려놓으라는 것이란다. 실제로 그 결과 마음이 좀 편안해지셨다고 했다. 어째, 좀 서글프지 않은가. 식사를 다 마치고 오는 길에 팀장님은 혹시 나라도 언젠가 원하는 수준의 주간 보고를 받을 수 있게 되면 그 비결을 꼭 좀 알려달라고 부탁했다.

글쎄, 그 비결 나도 궁금하다. 결론이 이상하지만 선배로서 내 태도를 변화시켜야겠다는 결심을 하게 된다. 같이 일하는 동료들, 후배들에게 보다 적극적으로 다른 사람들과 협업하는 방법을 알려줘야겠다는 의미이다. 언젠가는 알겠지, 보고 배우겠지 생각했는데 요즘 드는 생각은 그게 아닌 것 같다. 후배들의 마인드셋에 변화를 주려면 어떤 방식이 가장 적합할지 고민을 해봐야겠다. 그래도 안 되면 하나하나 가르치는 수밖에(이렇게 꼰대가 되는 걸지도)....

고민하는 중견 연차를 위한 작은 고백

회사에 들어와 일을 하면서 여러 가지 기회를 발견할 수 있다. 몇 년 전 해외 근무에 관심이 많았던 내게 싱가포르 주재원 자리는 꽤 탐나는 것이었다. 기회만 있다면 꼭 잡고 싶었다. 전임자에게 관심 있는 사람으로 어필을 하기도 했었다. 그래서였을까? 어느 날 당시 원장님이 갑자기 호출하신다는 연락에 부리나케 달려갔었다.

"내년에 지금 싱가포르에 있는 사람 들어오면, 다음에 자네가 나가 도록 해."

와. 이렇게 결정되는 건가?(지금은 보다 투명한 프로세스를 거쳐 파견자를 선정한다. 이때만 해도 탑다운 방식으로 의사결정이 되는 시기였다) 원장님의 말씀 이후 여름에 사전 출장도 한 차례 다녀왔다. 현지에 계신 분과 지속적으로 연락도 주고받았다. 싱가포르에 대해 공부와 조사도 했다. 아이 학교는 어디를 보내야 하는지, 어느 지역에서 살면 되는지 알아보곤 했다. 공공연하게 주변 사람들로부터 부러움도 받았다. 어느덧 연말이 되어 파견을 앞두고 슬슬 주변 정리를 하려는데 뭔가 돌아가는 모양새가 심상치 않았다. 아니나 다를까. 이런저런 이유로 파견이 취소되었으니 혹시라도 집이나 차를 판 건 아닌지 걱정된다는 인사담당 부서 팀장으로부터 연락이 왔을 때 상심이 컸다. 그래 뭐... 회사에서 내 뜻대로 되는 건 아닐 수도 있으니까. 마음을 추스르던 차에 내가 하는 역할에도 변화가 생겼다. 사업부장님을 보좌하는 업무였다. 일 년간 마친 후 원래 있던 포지션으로 가서 어떻게 일을 할지 플랜을 생각하고 있었는데 그는 나에게 다른 일을 맡겼다. 그것도 TF라는 임시조직이었다. 어차피 임시조직은 곧 팀이 될 조직이니까 네가 잘 맡아서 해보라는 당부와 격려도 곁들여서 말이다.

그 말만 믿고 일 년 열심히 과제를 했다. 평가도 좋았다. 그러나 팀이 되기는커녕 TF가 제품개발 사업부로 이동하게 되었다. 연구와 개발의 시너지를 위해 내려진 결정이라고 했다. 여기서 일하면 또 다른 기회가 있겠지 하는 마음으로 또 일 년을 보냈다. 일 년 후에도 팀으로 승격은 되지 않았다. 이쯤 되니 조직의 성과를 내지 못하는 내 운영 능력의 부족이 아닐까 하는 자괴감과 함께, TF에서 일하는 동료들에게 미안한 마음이 들었다. 팀이 되지 못한 것은 그럴만한 자격을 보여주지 못한 셈이고, 증명을 하지 못한 이유가 리더였던 나의 부족함이라고 생각되었다. 그렇게 참고 또 일 년. 연말이 되어가는데 여전히 팀으로 만들어지지는 않을 것 같았다. 임시조직으로 3년이면 충분하다는 결론을 내렸다. 고민 끝에 사업부장님을 찾아가 이제 임시 조직을 해체해 달라고 부탁드렸다. 미안하다며 조금만 참고 기다려 달란다. 아무 근거도 없이 기다려 보라니... 부아가 치밀었다. 대체 우리를 신경 써주기는 하는 건가 하는 생각에 반발심과 실망감이 밀려왔다.

그러던 와중에 또다시 조직 이동이 생겼다. 이번에는 조직 통폐합을 통해서 꽤나 거창한 변경이 일어났다. 마침내 TF가 해체된 것이다. 팀이 되지 못한 섭섭함보다 임시조직으로 지내면서 받았던 스트레스가 사라진 것이 더 기뻤다. 애매한 위치에서 책임감만 강요받던 자리에서 내려온 것도 좋았다. 그즈음 싱가포르에 파견할 사람을 뽑는다는 공고가 발표되었다. 일 년이라는 짧은 기간의 파견이었지만 마다할 이유가 없었다. 지원서를 열심히 썼다. 이번이 아니면 마지막일 수도 있다는 생각도 들었다.

그리고 그 결과 지금 싱가포르에서 일을 하고 있다. 5년 만에 원했던 해외 근무를 하게 되었으니 만족하느냐고? 글쎄... 내가 기대했던 그 막연한 환상은 도대체 무엇이었을까? 최근 후배들과 메신저로 얘기를 하거나 페이스북에 올라오는 글을 보면 일, 회사와 관련하여 많은 고민을 하고 사는 듯하다.

"일이 잘 풀리질 않아요."
"저를 어필하고 싶은데 잘 안되네요."
"윗사람이 날 몰라줘요."
"어떻게 사는 게 좋은 건지 모르겠네요."

나도 잘 모르겠다. 욕심을 부린다고 손에 쥐어지는 것도 아니었다.

마음을 내려놓는다고 갑자기 술술 풀리는 것도 아니었다. 원하던 위치에 가보니 생각하던 것과는 다른 현실 상황에 당황하기도 했다. 대신 다른 것들을 좀 얻고 배웠다. 예를 들면 조직 이동을 통해 시도했던 연구와 개발 간의 시너지를 높이는 것이 책에 있는 것처럼 쉽지 않다는 교훈 말이다. 이질적인 문화가 섞인 곳에서 혁신이 일어난다는 기대감은 단지 사람과 조직이 섞이는 것 이상의 추가적인 노력이 있어야겠다는 생각도 갖게 되었다.

무엇보다 조직에서 약속이란 공수표와 같았다. 인사 발령을 통해 전사 게시판에 내 이름 세글자가 공개적으로 나오기 전에는 발령에 대한 모든 것은 루머이고 허구였다. 개인에게는 지금의 나, 내가 속한 작은 조직만이 중요하지만 윗사람은 더 큰 조직과 명분을 걱정하는 것도 알았다. 회사가 잘 될 때 내려진 결정은 비즈니스 상황에 따라 순식간에 바뀔 수도 있었다. 원하지 않는 일을 해야 할 때 스스로를 변화시키는 방법도 배웠다. 이승환의 〈애원〉이라는 노래가 있다. 헤어진 연인에게 보내는 걱정을 담은 내용 중에 아래 구절이 있다.

"많은 바람, 많은 욕심, 그것 때문에 세상에 지치지 않게."

식상한 결론이지만 그냥 지금 이 현실에서 최선을 다하자. 맘먹은 대로 되지 않는 것 같아도 조직(상사, 부하, 조직 그 자체)을 이해하는 무언가를 배울 수 있을 것이다. 그 고민들 속에서 작게라도 답을 찾아 나가며 이뤄가는 것이 회사 생활의 묘미가 아닐까 한다. 그것이 밑거름이 되어 다음에 더 좋은 일과 성장의 기회가 올 것이다.

관성으로 일하지 말자

아인슈타인이 한 말이 있다.

"Insanity: doing the same thing over and over again and expecting different results."(매번 같은 방식으로 반복하면서 다른 결과를 기대하는 것은 '정신 나간' 것이다.)

회사 일은 시스템과 프로세스가 존재한다. 프로세스를 잘 따라가면 어느 정도 결과를 얻게 된다. 문제는 어떤 결과, 어떤 수준의 결과를 얻고자 하느냐라는 질문에 있다. 지금보다 더 나은 결과를 얻기 위해서는 기존의 관습 같은 일처리에 의문을 가질 필요가 있다. 예를 들어 업무 회의는 왜, 주 단위로 하고 있는가? 늘 하는 업무 회의지만 이런 질문을 던지다 보면 그동안 생각지 않았던 것들을 떠올릴 수 있다. 만약 주 단위가 아니라 격주 아니면 월 단위로 하면 무슨 문제가 생기는지, 주 단위 보고에서 상위 단계로 보고할 내용들은 무엇이어야 하는지, 스스로 업무 관리는 어떻게 하는 것이 바람직한지 같은 세세한 질문들이 쏟아진다. 아예 근본적으로 주 단위의 정기 회의가 아니라 매일매일 간단한 티 타임으로 아예 대체할 수는 없는지도 생각해 볼 수 있다. 관성적인 업무를 처리하는 데 편하고 기존 체계를 흔들지 않는다는 점에서 사람들에게 편안함을 줄 수 있을지언정, 근본적 변화의 모멘텀을 방해한다는 것이 큰 단점이다.

물론 사람들은 안정된 체계를 선호한다. 그건 나 역시 마찬가지다. 그러나 늘 하던 대로 하다 보면 결과는 달라지지 않는다. 늘 하던 일이라도 다시 생각해 보면 분명 개선 포인트가 있다. 다시 생각해 보는 가장 좋은 질문법은 'why?'이다. 왜 필요한지, 왜 하고 있는지, 왜 이 연구개발이 필요한지 스스로 질문을 던지자. 매일 바쁘게 현장에서 일을 하는 담당 입장에선 그런 질문이 사치라고 생각할지 모른다. 당장 처리해야 할 일들이 사고 없이, 일정대로 잘 진행되기도 바쁜 마당에 '왜'가 중요하지 않을 수 있다.

하지만 잊지 말자. 질문들을 통해 자신의 일이 갖는 본질에 더 다가갈 수 있다. 끊임없는 질문들 속에 리더급으로 성장하기 위한 좋은 업무자세도 갖게 된다. 리더 역시 마찬가지로 자신의 조직이 가야 할 방향과 의미를 더 구체화 할 수 있다. 또한 이런 질문들은 관성에 얽매이지 않는 유연한 조직을 구성하는 데 도움이 된다. 남들과 다른 성과는 덤이다. 관성적으로 처리해 오던 일이 있다면 지금 다시 돌아보자.

3장

나를 위한 성찰의 시간 _리더로 성장하기

공정함에 대하여

　작년에 있었던 일화 한 토막을 소개한다. 연말이 되어 다시 돌아온 성과 발표의 시간. 예년과 달리 각 사업부별로 잘 운영된 과제를 자체적으로 1~2개 선정하여 최종 발표에 참여시키라는 운영의 변화가 있었다. 각 사업부별로는 대표과제를 선발하는 일종의 세미파이널 semi-final이 자연스럽게 생겼었다.

　과제 리더를 맡은 입장에서 최종 수상이라는 영광까진 바라지 않더라도, 같이 고생한 동료들을 대표하여 우리 과제가 최종 발표 자리에 올라갈 수만 있다면 당연히 기분이 좋을 것이다. 이번에 수행했던 과제는 범위가 다양한 만큼 여러 성과들이 있었다. 마음이 아프지만 발표의 집중을 위해 어떤 결과들은 소개하기 어려웠다. 나름 스토리를 정리하여 내부 발표회를 준비했다.

　세미파이널 당일. 우리 과제는 제일 마지막 순서였다. 다른 과제들도 많았기에 장장 4시간을 기다려 내 발표를 마쳤다. 과제 내용에 비해 충분하지 않은 발표 시간이었다. 그래도 잘 얘기했다고 스스로 자축했다. 발표가 모두 끝나자 사업부장님의 말씀이 이어졌다. 그렇게 그날 일정은 끝나는 것으로 이해했다. 조만간, 적어도 내일이면 최종 선정 과제를 알려주시겠지 하는 생각과 함께 말이다.

갑자기 "자 이제 최종 발표회에 나갈 과제를 알려줄게"라는 그분의 말씀. 분명 내 발표가 끝난 지 채 5분이 지나지 않은 이 시점에 벌써 평가가 끝났다는 말은 뭐지? 바로 옆자리에 앉아 있었던 까닭에 나는 그분이 점수를 매기거나 뭔가 체크하는 걸 보지 못했기에 더 당황스러웠다. 분명 발표회 초반에 어떤 기준으로 평가하는지에 대한 항목을 보여주셨는데 말이다. 그렇다면 벌써 채점이 끝났다는 것으로 이해해야 하는 것일까?

"다들 수고했지만 올해는 특히 이 두 과제를 선정하도록 할게. 여기에 대해 불만 있는 사람은 지금 이 자리에서 말하고."
"……"

유구무언. 이미 그분 마음속에 답이 있다고 느꼈다. 우리 과제가 선정되지 않았기 때문에 당시 상황에 대해 불복했을 수도 있다. 그렇지만 적어도 발표자를 위한 배려의 관점에서 리더로서 고민의 흔적은 보였어야 하지 않을까. 예를 들어 과제의 어떤 요소를 가장 중요하게 생각했는데, 특히 이 과제들이 해당 항목에서 높은 점수를 얻었다는 조금은 객관화된 내용이라도 제시해 주었다면 그나마 어느 정도 결과를 받아들였을 것이다.

답정너라는 상황이 너무 당황스러웠던 까닭인지 얼굴에 표정을 감출 수가 없었나 보다. 허탈한 마음으로 퇴근하는데 같은 자리에 있었던 팀장님이 '수고했다'는 톡을 보내오셨다. 다음 날, "발표 어떻게 되었어요? 잘하셨나요?"라고 묻는 과제원에게 아무 말도 할 수 없었던 기억이 난다.

회사 생활을 하면서 '과연 공정한 평가란 무엇인가'라는 고민이 끊이질 않는다. 위에서 언급한 사례 말고도 크고 작은 부당한 평가에 대한 직접적인 경험과 들은 이야기가 적지 않다. 개인적으로 어느 해엔 좋은 평가를 통해 금전적 보상을 받기도 했다. 그런데 "왜 하필 저인가요?"라고 물었지만 적합한 답을 듣지는 못했다. 나를 챙겨주는 것으로 고마워만 하기에는 절차적 투명성을 떠나 내용의 투명성에도 많은 관심과 노력이 필요하다는 생각이다.

글을 쓰다 보니 나도 다른 누군가에게 편견을 갖고 이미 마음속으로 평가를 내렸던 리더는 아니었나 반문해 본다. 편견으로 객관적 시선은 덮어두고 이미 좋은 또는 나쁜 점수를 마음속에 정리했던 것은 아닌가. 일을 할수록 확증편향이 심해지는 것을 느낀다. 좋게 보던 사람이 무언가 잘못하면 한 번 실수한 것이다. 나쁘게 보던 사람이 잘못하면 역시 그는 일을 못 하는 사람이 된다. 그래서 높으신 분에게 남기는 첫인상이 참 중요하다는 말이 생긴 것이구나. 경험이 많고 사람을 많이 겪은 분일수록 편견이 오히려 심했다. 시간과 경험은 리더의 편견을 더욱 강화시켜 변화의 가능성은 적어진다. 혹시 사람, 일, 가치에 대한 나의 시선이 자못 견고해서 동료들에게 나쁜 영향을 주지는 않았는지 반성해 본다.

어렵고 어려운 리더의 길

해마다 리더십 진단 결과를 받을 때면 살짝 긴장한다. 일 년 동안 구성원을 향한 내 행동과 활동에 대한 피드백이지만 그 속에 평가의 의미도 있기 때문이다. 그래서 나는 폴더 하나를 마련해 두고 매년 그 결과 파일을 모아둔다. 나와 함께 일하는 사람들이 내 모습을 보고 올해는 어떻게 달라졌다고 느끼는지 궁금하기 때문이다.

결과는 객관식과 주관식으로 구성되어 있다(이 역시 해마다 조금씩 바뀌고 있다). 객관식의 경우 회사가 추구하는 행동 가치가 있어서 그 가치에 맞는 행동을 잘했는지 점수로 평가하도록 되어 있다. 점수는 직속 상사, 동료, 부하 평가가 동시에 반영되는 것이라 해석이 쉽지는 않다. 직속 상사는 보통 한 명이니까 누가 평가했는지 너무 확실한 탓에 숨겨주려는 의도가 있을지 모른다. 상사가 보는 나의 모습, 부하가 보는 나의 모습이 평균적인 수치로만 제시되는 것이 바람직하지는 않다고 생각된다. 어떤 행동의 변화가 필요한지를 고민해야 하는 나에겐 단순 평균 결과가 일종의 노이즈처럼 생각되는 것이다. 상사에게 부족한 모습, 부하에게 미흡한 부분은 단지 평균의 어떤 수치 또는 값으로 설명하긴 부족하다. 올해는 작년보다 전반적인 평균값이 올랐다. 이건 고무적으로 보인다. 일단 기분은 좋다. 잘 읽어보니 흥미롭게도 동일한 평가 항목이 강점과 약점, 둘 다 표시되어 있다. 같은 행동을 해도 평가자마다 나를 바라보는 시선과 생각이 각자 다르기 때문일 것이다. 이런 결과들은 재미있게 느껴진다. 하지만 어떻게 대응해야 할지는 헷갈린다. 무엇이 진짜 내 강점인지 파악하기도 쉽지 않다.

사실 제일 관심 가는 항목은 주관식이다. 평가자 입장에서는 객관식 평가 내용에는 담지 못하는 속마음(?)을 드러낼 수 있는 기회이자, 평가를 받는 사람에겐 그 내용이 걸러짐 없이 전달되는 소중한 것이기 때문이다. 물론 모든 결과는 익명으로 전달된다. 주관식 내용을 찬찬히 읽어보니 나는 너무 이성적인 리더라는 결론을 내리게 되었다. 이성적인 면이 너무 강하다 보면 합리적인 면을 지나치게 강조하였다. 하지만 때로 팀이나 조직은 합리적으로만 운영되지 않는다. 진심 어린 응원과 격려가 구성원에게 힘이 된다. 누군가가 주관식에 리더인 나를 위한, 내가 변화되었으면 하는 바람을 피드백으로 남겼다.

"좋은 방향으로 유도해주고 조언을 해주는 것도 좋지만 때로는 따뜻한 말 한마디가 아쉬울 때도 있습니다."

이 말은 항상 이성적이고 싶은 나에겐 유독 큰 울림을 준다.

리더의 역할을 다시 생각해 본다

세상에는 여러 가지 형태의 리더가 있다. 스스로 평가해 보면 난 그 중 방임형 리더에 속한다. 함께 일하는 사람들이 어린애도 아니고, 각자 자기만의 이유를 갖고 회사 생활을 하고 있기 때문에 그들이 자기 일을 알아서 잘할 수 있기를 늘 바랐다. 굳이 내가 이렇게 해라, 저렇게 해라 하지 않아도 알아서 하는 것이야말로 제대로 일을 하는 것이라 믿어 왔다. 그 믿음에는 아직도 변함은 없다.

얼마 전, 아내와 차를 타고 가다가 이 부분에 대해 잠깐 논쟁을 했다. 아내의 주장은 이렇다. 어차피 잘할 사람은 내가 관여하지 않아도 알아서 한다. 못할 사람은 기대만큼 못할 수밖에 없다. 문제는 그 중간에 있는 사람들이다. 그들은 리더가 어떻게 하는지 보면서 자신들의 행동을 결정한다는 것이다. 다들 눈치가 있어서 자신의 행동을 결정하는데 리더의 영향이 크다는 주장이다. 리더가 다그치면 다그치는 대로 움직이고, 반대일 경우도 마찬가지라는 것. 그러니 리더의 역할이란 모든 사람들이 알아서 일하도록 방임하는 데 있는 것이 아니라, 중간쯤에 있는 사람들을 더 위로 끌어 올리는 것이라고 말했다. 소위 밀당이 중요하고 필요할 땐 살살 달래가며 일을 하도록 만들어야 한다고, 그게 팀에서 내 역할이라고 조언했다.

아내는 교사다. 교실의 상황도 마찬가지란다. 교실 안에서도 중간쯤에 있거나 가능성이 있는 아이들을 선생님이 어떻게 끌고 가느냐에 따라 성과performance가 달라진다고 했다. 적잖은 충격이었다. 마침 작년에 있었던 이런저런 사례들이 떠올랐다. 아쉬운 수준의 성과를 얻었기에 내가 좀 더 밀어붙였다면 어땠을까 하는 일들이 있었다. 우리 조직은 알아서 일하는 분위기라는 걸 앞에 내건 채, 한편으론 좋은 상사(리더) 평가를 바란 것 아니었을까. 좋은 게 좋은 것이라는 모습만 원했을 수도 있다. 물론 함께 일하는 동료들이 스스로 깨닫기를 바란 적도 있지만 내 몫을 챙기기도 바쁘니 리더로서 직무유기를 한 건 아닌가 싶기도 했다. 내 마음은 그랬던 것 같다. 꼭 이걸 설명하고 설득해야 하나? 다 큰 사람들이 그걸 모르나? 아내의 말을 따르자면 때로는 "굳이, 알만한 사람들에게 일부러 행동을 보여 주는 것"이 필요하다.

올해는 그 생각을 버리고자 한다. 알만한 내용도 다시 짚어줄 것이다. 필요하다면 밀어붙여도 봐야겠다. 그런 한 해를 보내면서 나는 또 어떻게 달라지는지, 정말 우리 조직의 성과가 달라지는지를 확인해 보고 싶다.

팀장 대리 체험

팀장님이 사내 연수로 인해 자리를 비우는 바람에 한 달 동안 본의 아니게 팀장 대리체험을 했었다. 첨엔 별것 아니겠지 하고 생각했다. 그냥 대신 회의를 들어가서 전달사항을 잘 듣고 와서 공유하고, 결정할 것 있으면 알려드리면 되겠지 싶었다. 하지만 7월에 상반기 리뷰가 있을 줄 나는 미처 몰랐다. 정리할 자료도 엄청 많은 데다가, 그걸 단순히 취합만 하면 되는 것이 아니라 '잘' 만들어야 하는 것이 또 다른 임무였다.

이런 때 사내 연수를 떠난 팀장님은 그야말로 운이 좋은 것 아닐까. 팀장 대리였지만 팀의 매니저로서 크고 작은 결단을 내려야 할 것이 많았다. 단순하게는 성과 리뷰를 위해 팀의 여러 성과들 중 어떤 것은 살리고, 어떤 것은 아직 얘기하지 않아도 되는가 하는 것을 결정하는 것이었다. 크게는 우리 팀의 전체적인 방향성과 틀을 잡는 것인데 이건 정말 내 손을 벗어난 결정사항이었다. 당연히 아직 내 역할이 아니다 보니 의견을 낼 수는 있으나 최종 결정은 여전히 팀장의 몫이었다.

막상 내가 지금 그 위치라면? 동일한 상황이 나한테 떨어진다면? 이런 생각을 하다 보니 너무 답답한 마음이 들었다. 잠깐이었지만 팀장의 시선으로 바라보니, 뭔가 제대로 굴러간다기보단 현실에서 허덕이는 팀의 모습이 보였고, 그것을 돌파할 강력한 무엇이 없는 상황이 안타까웠다. 지금의 나는 조력자로서의 역할을 하고 있지만 리더가 된다면 비전을 제시하고 가이드해야 하는데, 그런 것들이 현재의 과업들 때문에 이리저리 치이는 현실도 보이기 시작했다. 집에 가서도 회사 생각만 하면 한숨이 절로 나오는 그런 한 달을 보냈다.

팀장 대리 체험을 하면서 이런저런 생각을 많이 하게 되니 느끼는 점이 있다. 누구나 각자 위치에서 해야 할 일이 있다. 그렇기 때문에 직위가 있고 팀이 있는 이유일 것이다. 접하는 정보의 양과 질이 달라서 같은 이슈에서 뽑아내는 인사이트도 다를 수밖에 없다. 아는 만큼 보인다. 가끔 자신의 직급에서 해야 할 일을 아래로 내려보내는 경우가 있다. 그런 일을 받았을 때 장점은 좀 더 고급 정보를 접하게 되고, 나중에 그 위치가 되었을 때 해야 할 일에 대한 그림과 고민을 해 볼 수 있다는 것이다. 하지만 각자 위치에서 더 집중하고 잘할 수 있는 것이 있지 않을까? 무작정 아랫사람의 의견을 듣고자 하는 것은 득보다 실이 많을 때가 있다. 어떻게 보면 리더 자신이 본인 업무에 대한 직무유기를 하는 것일지도 모른다.

얼마 전 사내 강의를 통해 들은 것 중 하나가 생각난다. 지금 내 위치에서는 팀장이나 그 위 단계 사람들의 눈높이로 상황을 바라봐야한다는 것. 아랫사람으로서 윗사람 취향을 맞추는 것은 많이 고민하지만, 그들의 눈높이에서 현 상황을 분석하고 고민하기가 쉽지는 않다. 팀장 대타로 1개월을 지내다 보니 이런 고민들을 미리 겪어보지 않았다면, 막상 그 위치에 올라갔을 때 하나도 준비가 안 된 기분일 거란 생각이 들었다. 힘든 한 달이었지만 배운 것도 많았던 터라, 그 어려웠던 기억이 보약으로 돌아오리라 기대해 본다.

권한위임

내가 관리해야 하는 사람들이 7명까지 늘어나면서부터 사실상 실험에서 손을 놓아버렸다. 아니 하고 싶어도 시간이 허락되지 않았다. 하루에 한 사람씩 어떻게 일이 돌아가고 있는지 파악하고, 앞으로 뭘 할지 생각하다 보면 하루가 끝나기 일쑤였다. 사람과 남의 일을 관리했던 경험이 전혀 없던 나는, 중간급 리더 자리에 오르고 1년 만에 그렇게 많은 사람들을 다루다 보니 제대로 될 턱이 없었다. 시간이 지나 지금처럼 약간 경험이 쌓였다면 더 잘할 수 있었을까?

여러 사람을 매니징해야 하는 상황이 되니 자연스럽게 권한위임이란 걸 할 수밖에 없었다. 내가 '아' 했을 때 '어'하는 사람이 있다면 얼마나 좋을까. 가끔 내가 '아' 안 해도 알아서 '어'뿐만 아니라 '오요 우유'까지 해온다면 이건 뭐 금상첨화다. 그런데 이런 경우는 웬만해선 없다. 그래서 아무리 권한 위임을 해도 내가 신경 쓰지 않을 수는 없다. 믿고 맡길 만한 사람이 있다는 건 큰 힘이다. 딱 1년을 같이 보냈던 팀장님이 나에게 연말쯤, "당신 같은 사람이 팀에 한 명이라도 있어서 얼마나 다행인지 몰라"라고 말했던 것이 생각난 건 우연이 아닐 것이다.

개인적인 성향으로는 마이크로 매니징이 맞지 않는다. 누군가가 나의 일이나 행동에 간섭하는 것을 굉장히 싫어하는 편이다. 집에서도 회사에서도, 그냥 삶이 그렇다. 그래서일까? 함께 일하는 다른 사람들에게 충고나 훈계에 좀 인색하게 되었다. 지금도 이 부분은 잘 정리가 안 되는 것인데, 어디까지 관여하고(간섭하고) 어디까지 놓아주어야 하는지 어렵다. 이 상황이 지속되면 무관심한 사람으로 치부될 수 있다.

권한 위임을 한다고 일을 던져준 후 진행되는 것을 옆에서 그냥 보고 있는 것만큼 고역은 없다. 자꾸 이렇게 하자 저렇게 하자, 이건 어떠냐 저건 어떠냐고 토를 달 수밖에 없는 것이다. 그럼에도 되도록이면 스스로 일을 계획하고 끝까지 어떻게 해결하는지 보고 있고 싶어진다. 당장 올해의 MBO에서 구멍이 날 수도 있겠지만, 팀 성과에 큰 영향을 주는 리스크만 아니라면 그대로 두는 게 낫지 않을까? 아니면 그래도 내가 상사니까 성과 관리 할 수 있게 이끌어 주는 것이 좋을까? 적어도 일 하는 방식의 노하우를 전수해 주는 정도는 알려주는 게 맞겠지 싶은 생각이 들기도 한다. 권한위임은 편하고 쉬울 것 같지만 생각처럼 쉽지 않은 일이다. 리더로서의 책임과 후배의 성장을 도모하는 어려움에, 글로 배운 리더십의 한계를 또 한 번 느낀다.

아전인수 금지

올해 초였던 것으로 기억하는데, 한 식당에서 손님과 종업원의 싸움이 있었단 글이 인터넷에 올랐다. 글을 제일 먼저 올린 사람은 손님이었다. 자신이 임신 중이었고, 종업원이 제대로 일을 안 할 뿐만 아니라 불친절하고, 싸움을 하는 과정에서 자신을 밀어서 넘어뜨렸다는 내용이었다. 그리고 주인은 손 놓고 바라만 보고 있었다. 뭐 대강 이런 줄거리다. 글이 오르자마자 사람들에 의해 여기저기 퍼지면서, 그 식당에 가봤다는 사람의 증언이 줄을 이었다. "원래 그런 곳이었다", "프랜차이즈 관리하는 곳에서도 이미 포기한 곳이다" 등등 완전히 손님이 이기는 듯한 분위기였다. 얼마 가지 않아 프랜차이즈 대표의 사과문 발표로 일단락되는 듯했다.

그런데 얼마나 지났을까? CCTV 내용이 확인되면서 전세가 역전되었다. 오히려 난동을 부린 것은 손님이었고 종업원이나 식당의 잘

못은 별로 없는 것으로 나왔다. 언젠가부터 인터넷에 글이 하나 오르면 걷잡을 수 없이 커져서, 있었던 사실 그 이상으로 해석되는 경우가 참 많다. 누구나 전화기로 사진을 찍어서 올릴 수 있고, 누구나 아무 곳에 퍼뜨릴 수 있다. 그래서 한쪽의 일방적인 글이 올라오면 어떻게 이럴 수 있냐며 흥분하고 분개하기보다는 좀 기다려 봐야지 하는 생각부터 하게 된다. 여기서 얻은 나만의 결론은 '누구나 자기중심적으로 생각하고 표현한다'는 것이다.

리더십이란 것도 비슷하다. 리더는 충분히 잘해주고 있고, 나름 신경 써서 봐준다고 생각하는데 정작 그걸 받는 상대방은 그렇지 않다고 생각한다. 반대도 마찬가지다. 멤버는 A라는 방식의 리더십(조직 운영 방안, 동료들을 대하는 리더의 태도와 방식 등)이 싫은데, 리더는 자신의 방법과 고집만을 내세운다. 작은 갈등이 있을지라도 자신의 리더십과 운영 방식이 옳다고 믿는다. 갈등은 깊어지고 그 리더가 운영하는 팀에서는 리더를 제외한 모든 멤버들이 괴로워하고 있다. 그런데 당황스럽게도 밖에서는 다른 얘기가 들려온다. 그 팀이 아주 잘 돌아가고 있다는 풍문이 퍼졌다. 어찌된 소문인지 알 수 없지만 이미 리더는 자기가 팀 운영을 굉장히 잘하고 있다는 오해에 빠졌다. 그렇게 갈등은 점점 더 커져서 안 좋은 방향으로 일파만파 커지고 결국 수면위로 드러난다. 결코 좋은 모습은 아니다.

나는 사람을 어떻게 판단하는가? 일전에 굉장히 개성 강한 리더와 일을 한 적이 있다. 그분과 일하기 전, 모두들 걱정의 눈길을 보내며 나에게 한마디씩 했다. "너, 어떻게 버틸래?" 막상 겪어보니 다른 사람들의 걱정과 염려의 이유를 충분히 이해할 수 있었다. 그는 소문만큼 독특하긴 했다. 하지만 내 입장에서는 충분히 견딜만 했다. 그래서 일단 내가 겪어보기 전까지는 판단을 유보하는 편이다. 특히 사람에 대한 편견은 갖지 않는 것이 좋다. 편견을 가지고 대하면 판단 오류에 빠지기 쉽다. 남들이 뭐라고 해도 자기 체험과 경험을 우선에 두면 좋겠다. 특히나 다른 사람들과 성과를 함께 만들어가는 리더이기에 섣부르게 후배나 동료를 재단하기보다는 시간과 기회를 두고 알아가는 것이 꼭 필요할 것이다.

부하직원도 고객이다

지구상에 존재하는 기업 중에 '고객'이 없는 기업은 없을 것이다. 정의와 범위가 다를 뿐이다. B2C는 확실하게 소비자라는 고객이 있고, 기업과 기업 사이의 비즈니스인 B2B 역시 상대 회사라는 고객이 있다. 공익사업에도 여전히 내 서비스나 제품, 기술의 고객은 존재하기 마련이다. 그런 까닭에 회사에 들어가면 제일 먼저 듣는 말이 '고객'을 생각하라는 것이다. 아마존의 고객 집착Customer centric이란 말은 기업 안에서 보통 명사화된 것 같다.

회사원이 되기 전 나도 고객이었다. 이제 회사의 일원이 되면 상황이 달라진다. 그렇기 때문에 회사원으로서 마인드셋 변화가 필요하다. 어떤 상황에서든지 명백한 단 하나의 명제, 비즈니스를 하는 기업이든 개인이든 고객 없이 살 수 없다.

시각을 조금만 바꿔보면 그렇게나 소중한 고객이 항상 외부에만 존재하지 않음을 깨닫게 된다. 조직의 크기가 크고 작음을 떠나 내부에도 나의 고객은 존재한다. 나와 함께 일하는 나의 동료들이 내부 고객이다. 회사의 일이란 혼자서만 할 수 없으니 부서 간 협업이 일어나게 되고, 그때 만나는 타 부서 사람들을 고객으로서 잘 대해주라는 얘기도 숱하게 듣는다. 사실 그들이 내 고객 맞다(재수 없으면 가끔 진상 고객도 있을 수 있다).

문제의 발생 지점은 내부 고객의 정의를 어떻게 내리느냐에 있다. 동료들과 얘기를 나눠보면 대부분 타 팀 사람들까지가 고객이라는 것에는 이견이 없는데, 같은 팀의 동료도 나의 고객이란 생각은 잘 안 한다. 리더 역시 그런 생각까지 미치는 것 같지 않다. 특히나 리더의 위치에 오르기까지 회사 경력이 있다 보니 같이 일하는 사람들은 나보다 연차가 낮은 멤버들이 대부분인 경우가 많다. 같이 일하는 동료라기보다는 관리의 대상, 내 부하라는 개념이 먼저 생기는 셈이다. 실상 관리자의 입장에서 부하직원을 고객으로 설정하는 것은 적합하지 않아 보이기도 한다. 그럼에도 불구하고 고객으로 인식하고 대하게 되면 달라질 상황들이 있다.

나는 가급적 동료라고 생각하기 때문에 상사로서의 권위보다는 좀 더 소탈하게 대하는 편이다(내 입으로 말하자니 조금 어색하긴 하다). 그런데 어느 날 입장 바꿔 그들을 고객이라고 생각해 보니, 그 동안 신경 쓰지 않았고 볼 수 없었던 것들이 있음을 알게 되었다. 같이 성과를 만들어가는 동료이자 고객으로서 새로운 발견을 하게 된 것이다.

· 이래라저래라 훈계하기보다는 그들의 입장에서 듣게 된다.

· 어떻게 하면 그들이 일터에서 더 즐거울 수 있을까 고민하게 된다.

· 개인별 특성에 맞게 대하는 태도가 달라진다.

· 개인마다 처한 상황을 이해하려고 노력하게 된다.

이런 발견들에 대해서는 실천하려고 노력 중이다. 생각을 바꾸니 행동이 달라졌다. 시각을 바꾼다면 같이 일하는 후배와 더 나은 회사 환경을 만들어 갈 수 있지 않을까.

해야 할 일 vs 하면 좋은 일

직장에서 일을 할 때 창조적인 일과 문제를 해결하는 일 중 어느 것의 비중이 더 높을까? 내 경험상 이 질문의 대답은 '문제를 해결하는 일'이다.

복잡한 현업에서 잠시 물러나 관찰해 보자. 새로운 무언가를 고민하는 것도 있지만 대부분 이미 발생한 문제점들을 복구하고 보수하는 일의 양이 만만치 않다. 왜 문제들이 생기는가? 원인은 다양하다. 연구자 사이의 이해관계에서 생기기도 하고, 연구와 실제 생산 간의 차이에서, 또는 외부에서 들여오는 물질의 관리에서 문제점들이 발생한다. 때로는 법이 바뀌어 어제까지 용인되었던 것이 오늘부터 안 되는 경우도 있다. 이런 일들은 여유를 가지고 처리하면 될까? 아니다. 항상 시급하다.

시급성과 중요성을 X, Y 축으로 사분면을 그려보면 어느 일을 제일 먼저 해야 하는지 명확히 보인다. 가장 먼저 해결해야 할 일은 중요하고 시급한 것이다. 그다음은? 중요도 순으로 일을 처리하면 좋겠지만 보통은 당장 급한 일부터 처리하기 마련이다. 즉 문제가 되는 일부터 정리해야 그다음에 내가(또는 조직이) 중요하게 다루어야 할 일을 할 수 있다. 중요한 일을 하는 것이 우선순위가 되기 어렵기 때문에 그 일에 대한 자원 투자(시간, 돈, 인력)를 하려면 따로 필요한 자원을 의식적으로 마련하는 노력이 필요하다. 해야 할 일과 하면 좋은 일 사이의 딜레마는 여기에서 발생한다.

　해야 할 일과 하면 좋은 일 중에 어떤 것이 더 중요할까? 정답은 없다. 사실 중요성을 논하기 전에 조직의 역할을 명확하게 정의해야 한다. '해야 할'일과 '하면 좋은' 일의 구체적 정의가 필요하다. 해야 할 일은 MUST인 요소가 강한 반면, 하면 좋은 일은 어딘가 EXTRA의 느낌을 주는 것이 사실이다. 해야 할 일은 조직, 회사를 유지하기 위해 내가 아니더라도 누군가가 반드시 처리해야 한다. 자원 투자의 여력이 크지 않을수록 해야 할 일(어쩌면 중요하고 시급한)을 하는 것이 바람직하다는 결론에 이르게 된다. 나도 해야 할 일이 가장 우선이라고 믿어왔다. 그런데 해야 할 일의 정의가 사람마다 다르다는 점을 최근에야 깨달았다. 타 부서의 관점에서 보면 우리 조직에 바라는 (해야 할) 일의 정의가 달랐던 것이다. 내가 기대하는 이상적인 모습과 남이 생각하는 이상적인 모습의 괴리를 좁히지 않으면 오해의 씨앗은 계속 남는다.

　그렇다면 누가 조직의 일을 정해야 하나? 리더의 역할이 바로 여기에 있다. 상황 논리의 관점에서 해야 할 일을 규정하지 말고, 조직의 명분, 존재 이유의 시각에서 역할을 정확히 정의해주면 된다. 조직 성격에 따라 해야 할 일이 더 중요하고 우선인 경우가 반드시 있다. 드물게는 해야 할 일로부터 조금 떨어져서, 하면 좋은 일을 할 수 있도록 보호해야 하는 조직도 있다. 리더가 이 부분에 균형을 잡아주지 않으면 일 년 내내 급한 일만 열심히 하다가 끝날 수도 있다. 더군다나 리더의 말과 행동이 다르면 구성원들이 혼란에 빠진다. 수비수에게 넌 왜 공격을 안 하냐고 묻지 말고, 수비수는 수비수답게, 공격수는 공격수답게 일할 수 있는 역할을 잘 분리해 주면 된다. 더 바람직하게는 어떻게 하면 창의적으로 수비 또는 공격할 수 있을지 고민하게 만드는 것이다.

매트릭스 조직과 협업의 리더십

조직을 이끄는 리더는 다양하다. 내가 일하고 있는 회사에서는 어떤 임무를 위해 사람들을 모으고 '팀'으로 꾸린다. 규모가 큰 회사는 팀도 수십 명 이상으로 구성한다고 한다. 우리는 그보다는 조금 더 작지만 계속해서 팀의 규모가 커지고 있는 것은 사실이다.

과거의 팀장: 기술 전문성이 높은 사람을 뽑자

기능 중심으로 조직이 운영되던 시절, 일반적으로 기술 전문성으로 해당 부서의 '장'을 선정했다. 기술 전문성이 높은 사람이 고성과를 내므로 눈에 띄기 쉽다. 눈에 띄고 일 잘하는 사람이니까 조직 운영을 맡겨본다. 그러나 그로 인한 문제가 발생하는 데는 오랜 시간이 걸리지 않았다. 팀장은 특정 기술에 대해 누구보다 잘 알지 모르나 사람을 다루는 역량은 차이가 있었다. 가끔 전문성과 기술로 팀장이 되었으나 자신도 모르고 있던 매니저로서의 능력을 발견하는 사람도 있다. 이 경우는 예외로 치자. 즉 기술 전문성과 조직 운영 능력은 전혀 별개이다.

대안: 일단 기술 전문성을 기반으로 리더십이 있는 사람을 뽑고 잘 훈련 시키자

여전히 기능 중심의 조직 체계를 유지하고 있지만 추가로 리더십에 대한 중요성을 강조하는 분위기가 생겼다. 기술 전문성이 높은 사람을 교육 시켜 매니징 능력을 높이려고 한다. 리더의 역할, 조직에서 보여줘야 하는 리더의 모습, 올바른 팀 운영 방안 등등. 앞선 체계에서는 개인적 역량 차이를 고려하지 않았다면, 이제는 교육과 훈련으로 일정한 수준을 갖춘 리더를 육성하는 정책이 진행된다. 문제는 교육은 교육이고 현실은 현실이라는 점이다. 글로 배우는 리더십은 한계가 있다.

다행히 조직이 리더십과 상관없이 무난하게 굴러가더라도 조직별 성과 위주의 평가로 인해 이른바 조직 이기주의, 이른바 사일로silo 현상 등이 문제로 대두된다. 팀장은 오직 자신의 조직 활성화에 집중한다. 강력한 리더십을 바탕으로 자신이 이끄는 부서의 목표 달성을 위해 집중한다. 그러나 보면 특정 조직 내부의 성과와 만족도가 높은 반면, 협업 부서와는 사이가 나빠지는 경우가 있다.

대안의 대안: 조직 운영과 기술 전문성을 분리해서 운영하자

조직 이기주의인 사일로 현상을 해결하기 위해 원인을 분석해 보자. 부서 내부의 강력한 단합, 폐쇄성이 특징적이다. 이런 방향으로 팀이나 부서를 운영한 리더십이 그 원인의 중심에 있다. 물론 조직의 규모가 작고, 해야 할 일이 명확한 스타트업과 같은 상황이라면 똘똘 뭉쳐 일하는 것이 더 효과적이다. 그러나 큰 규모를 가진 중견 기업 이상은 기술이든 운영이든 문제 해결을 위한 조직간 '협업'은 필수다. 조직이 비대해지고 부서와 부서 사이의 협업이 필요한 상황에서는 '기능'이 아닌 '과제' 중심으로의 전환되어야 한다. 아이러니하지만 조직의 결속력을 오히려 흩어놓을 필요가 생긴다. 팀장을 구심점으로 모이지 않고 프로젝트를 중심으로 개인 간, 부서 간 자연스러운 협업을 도모하는 것이다. 이게 매트릭스 조직으로의 변화다.

일반적으로 프로젝트를 위해 팀을 구성하면 예전의 모습과 동일하기 때문에 느슨한 형태로 기존 팀 구조는 유지한다. 팀장도 그대로 있다. 해당 팀 구성원의 역량 높이기, 조직 기여도를 높이기 위한 분위기 조성, 타 부서와의 조율, 행정적인 업무 수행 등이 팀장의 역할이다.

성과를 위한 업무는 프로젝트팀에서 다룬다. 그래서 프로젝트 리더가 등장한다. 예전에는 팀장=프로젝트 리더 그 자체였지만, 기술 전문성을 바탕으로 비즈니스를 위한 성과를 창출하면서도 팀 운영은 맡지 않는 프로젝트 리더가 따로 존재한다. 기술 전문성은 높지만 조직 운영의 역량이 높지 않은 사람도 충분히 프로젝트는 잘 이끌 수 있다. 다만 프로젝트 멤버들의 협력과 참여를 끌어내는 리더십은 필수적이 된다.

매트릭스 조직은 분명 복잡성이 증가하는 형태다. 담당 연구원은 프로젝트 리더와 팀장 모두에게 보고하고 평가받는다. 팀이라는 물리적 구성 아래 보호받던 개개인이 능력과 역할을 명확히 가져야 한다. 여러 프로젝트에서 함께 하자는 러브콜을 받는 사람도 있겠지만, 어느 누구도 마땅히 챙기지 않는 슬픈 상황도 생길 수 있다. 프로젝트 리더 역시 마찬가지다. 프로젝트 운영에서 리더십을 보여주지 못하거나 성과를 내지 못하면 같이 일하고자 하는 동료가 없을 수 있다.

성공의 핵심은 운영의 묘

LG 경제연구원의 보고서 〈다시 생각해보는 매트릭스〉를 보자.

매트릭스 구조에서 요구하는 리더의 역할은 사업부형 조직이나 기능식 조직에서 요구하는 리더의 역할과 다르다. 사업부형 조직이나 기능식 조직에서 일하는 리더들의 최우선 과제는 자신이 담당하고 있는 조직의 성과를 극대화하는 것이다. 이를 위해서 리더들은 부여된 권한을 활용하여 적절한 의사 결정과 지시를 내림으로써 산하 조직을 잘 통제하고 관리하면 된다. 즉, '지시 통제형 Command and Controller' 리더십이 필요한 것이다. 반면, 매트릭스 구조에서는 리더들에게 담당 부서 관점이 아니라 조직 전체 관점에서 성과를 극대화할 수 있는 방향으로 사고하고 행동하길 요구한다. 그렇기 때문에 리더의 역할, 책임, 권한이 정해져 있다 하더라도, 그 경계선이 다소 모호한 면이 존재할 수밖에 없다. 전체 조직의 성과를 위해 담당 부서의 이익을 뒤로 미뤄야 하는 경우도 있고, 자기 일이 아니면서도 나서서 해야 할 경우도 있다. 특히, 매트릭스 구조라면 어쩔 수 없이 빈번하게 발생하게 되는 갈등에 대해서도 지시가 아닌 설득과 코칭을 통해 해결할 수 있어야 한다. 즉, 리더는 권한과 지시·통제 대신, 조직의 목표, 프로세스 등에 기반한 협상을 통해 영향력을 발휘하여 상호 협력을 이끌어 낼 수 있는 '협력가형Collaborator' 리더십을 발휘해야 한다.

'협력적 행동, 사고를 중시하는 평가·보상'

옥스퍼드 대학의 로이스톤 그린우드Royston Greenwood 교수는 "조직 구조와 평가·보상 시스템이 서로 충돌하면 항상 후자가 이긴다. 따라서 매트릭스 구조가 제대로 돌아가게 하기 위해서는 평가·보상 시스템도 같이 바꾸어야 한다"고 말한다. 갈브레이스 교수도 "많은 기업들이 개인별 성과에 대해서만 평가를 하면서 매트릭스는 제대로 작동할 수 없다"고 지적한다. 앞서 말한 것처럼 매트릭스를 제대로 돌아가게 만드는 것은 바로 상호 협력이다. 그런데, 자신과 자기 부서의 이익만 주장하는 사람이 승진하거나 더 큰 보상을 받는다면 협력이 될 리가 없다.

특히 매트릭스 조직에 있어서 리더가 어떤 식으로 협력을 이끌어 내는지, 협력에 얼마나 참여하는지, 그로 인한 성과는 어떤 식으로 평가하고 보상할 것인지가 매우 복잡하게 얽혀있다는 의견이 있다. 이런 부분에 운영 원칙을 명확히 하지 않으면 매트릭스 조직의 성공은 요원하다는 것이다.

내가 아는 어떤 회사도 매트릭스 조직으로의 변화를 시도했었다고 한다. 많은 반발과 저항 속에서도 이상적인 운영을 꿈꾸며 진행했었다. 생각했던 것보다 효과적인 운영이 어려웠다. 무엇을 위해 변화가 필요한지에 대한 공감대에도 실패했다. 굉장히 고도화된 형태의 조직 운영 방식이라는 깨달음을 얻었지만 다른 형태의 운영 방식을 도입하는 것으로 방향을 바꾸었다는 말을 들었다. 리더십만으로 해결될 간단한 문제가 아니었다고 생각된다. 조직 운영의 패러다임을 바꾼다는 것은 엄청난 도전이라는 교훈을 알 수 있다.

4장

연구직 회사원으로
살아간다는
것

내가 회사에 취직한 이유

회사 그만두면 뭐 하지? 치킨집? 직장인이라면 누구나 할법한 고민이다. 정년을 채우기가 쉽지 않은 가혹한 현실이기에 어쩔 수 없이 가지게 되는 생각이다. 입사해서 10년 조금 넘게까지는 마냥 자신감에 넘쳤다. 어느 순간부터 퇴사라는 두 글자를 마음속에 품고 다녀야 하는 나이와 연차가 되었다.

농담 반 진담 반으로 퇴사하면 어떻게 해야 하나, 고민이 된다고 하면 다들 "학교로 가세요"라고 말한다. 대학교수가 되라는 의미이다. 하긴 선배나 후배들 중에 좋은 대학으로 간 사람들이 꽤 되니까, 얼핏 보기에 전혀 불가능한 이직은 아니다. 일부 대학에서는 학생들 취업과 연구비 확보를 위해 산업계 출신 연구원들을 교수로 채용하기도 한다. 얼마 전 싱가포르에서 연구원으로 지내던 학교 후배는 교수가 되었다며 즐거운 얼굴로 싱가포르를 떠나기도 했다. 적지 않은 나이였지만 계속해서 연구하고 논문을 낸 덕분에 좋은 기회를 차지할 수 있었다.

학부생 시절엔 당연히 교수가 될 줄 알았다. 참 순진하고 어리석은 생각이었다. 그저 원서(영어로 된 교과서)를 보는 것만으로도 대학의 교수가 될 수 있다고 믿었다. 언젠가 한 번은 대학원 선배가 "너희 책에 있는 텍스트 한 줄을 위해 얼마나 많은 실험을 해야 하는지 아느냐"고 물었다. 당시엔 그 말을 이해할 수 없었다. 우리가 배우는 내용은 그저 한두 번의 연구 결과로 만들어지는 것이 아닌 걸 나중에야 깨달았다. 대학원을 진학하고 맞닥뜨린 현실은 조금 더 잔혹했다. 논문을 읽는 방법도 잘 몰랐고 어떻게 일을 해야 하는지 감을 잡지 못했다. 배움의 과정이 당연히 필요하지만 뭔가 삐걱거리는 느낌이었다. 남들은 쉽게 잘하는 것 같은데 나만 안 될까 하는 생각을 했다. 같은 실험실의 석사 동기생은 논문도 척척 보고, 어느 학교의 누가 어떤 연구를 잘한다는 걸 줄줄 꿰차고 있었다.

박사과정으로 진학을 했다. 솔직히 말해서 이것 아니면 다른 할 일을 생각해 본 적 없었고, 군대도 피하고 싶었다(박사학위를 통해서 병역특례를 할 기회가 있었다). 사실 공부하는 과정이 싫지는 않았다. 공부는 내게 있어 하기 쉬운 일이었고, 오랫동안 익숙해진 일이 되었다. 박사 2년 차가 되었을 때 미국으로 가게 되었다. 우리 실험실은 특별히 1년 동안 미국에서 학위 과정을 밟는 기회를 준다. 지도교수의 친구가 미시간대학 교수여서 교환학생으로 연수할 수 있도록 해

준 것이다. 실험실의 선배들은 미국에서 연구하는 도중에 잡은 테마로 졸업논문까지 마치는 것을 보아왔다. 나도 그렇게 될 것이라고 막연한 생각을 가지고 있었다. 하지만 내 스토리는 선배들과 조금 달랐다. 무엇을 하면서 지냈는지 모르게 1년은 지나갔고, 귀국할 때 손에 쥔 괜찮은 졸업 연구 테마도 없었다. 마침 같은 시기에 실험실 선배님이면서 대학교수이신 선배가 안식년을 받아 같은 실험실에서 일을 하셨다. 그분은 하루에 3번씩 실험을 돌릴 수 있다며 너무 행복하다고 하셨다. 난 도대체 무슨 일을 하면서 그 소중한 기회와 시간을 보냈던 것일까.

귀국 이후 졸업을 위해 모든 것을 다 쏟아부어도 모자란 시간이었지만, 여전히 앞이 막막했다. 일은 꾸준히 하고 있었지만 큰 그림이 잘 보이지 않았다. 석사과정부터 박사과정까지 5년 넘게 시간을 보냈는데 이렇다 할 연구 테마 하나 잡지 못하는 내가 부끄러웠다. 연구자로서 호기심 따위는 덮어두더라도 영악하게 일을 만들지 못했던 것이다. 그때 즈음 교수로서의 미래를 마음속에서 정리했던 것 같다. 정확한 기억은 아니다. 언젠가부터 학계에 남는 꿈을 갖지 않게 되었는데, 아마도 이런 경험들이 쌓이면서 내린 결론이 아니었나 싶다.

특히 졸업논문을 준비하면서 이런 결심은 확고해졌다. 지도교수의 입장에서 졸업은 시켜야(!)겠고 혼자서 잘 해결하지 못하는 듯하니, 마침 학교 옆에 있던 생명공학 연구원에 근무하던 실험실 선배에게 나를 부탁했다. 그래서 그 선배님이 나를 챙겨주었다(당시 일반적인 상황이 아니어서 지도교수님은 나를 돌봐줄 상황이 아니었다). 고맙게도 선배가 준 테마로 일을 진행했는데 결과가 들쭉날쭉 이었다. 연구를 진행하다 보니 실험 결과가 이상하게 나오는 것이 맞았다. 그동안 우리가 전혀 모르던 새로운 사실을 발견한 것이다. 결과적으로는 그런 내용이 신규성을 가져서 해외 학술지에 논문으로 발표하기도 했지만, 그 과정에서 실험을 제대로 하지 못하는 내 능력에 대한 좌절을 많이 겪었다.

어쩌면 현실을 좀 더 냉정하게 마주할 수 있는 기회였으니 다행이라고 해야 할지. 혹독한 과정을 통해 겨우 논문 한 편을 마련했다. 남들의 수백 페이지에 달하는 졸업논문에 비해 초라하고 얇았던 내 것을 보면 마냥 부끄러웠다. 박사과정은 혼자 연구를 할 수 있는 사람이 되어가는 일종의 트레이닝이다. 내 졸업논문을 보고 있으면 몇 년 동안 진행된 트레이닝을 제대로 마치지 못한 낙제생의 성적표를 받아든 느낌이다. 지금도 당시의 처절했던 기억이 선명하게 떠오른다.

흔히 '○○머리가 있다'라고 말한다. 나는 공부머리는 있었는데, 연구머리는 없었던 모양이다. 더 깊이 있는, 학계에 도움이 되는 연구직이 될 것은 아니란 생각에 교수보다는 직장인이 되길 선택했다. 조금 더 변명을 붙이자면 나는 공부를 위한 공부엔 관심이 없다는 걸 깨달았다. 대학원에 있는 여러 수업 과정들을 배우면서, 그리고 여러 실험실을 옆에서 관찰도 해보고, 직접 겪어보면서 얻은 소중한 결론이었다. 대학원에서의 내 연구주제는 약리학이었다. 어떤 물질의 효능이 '어떻게'(메커니즘) 나오는지를 밝히는 것보다는 새로운 물질을 찾아내는 것이 더 흥미로웠다. 현장에 적용할 수 있는 일에 재미가 있었다. 회사에 들어오니 이런 일이 제법 많고 상당히 쓸모가 있다는 것을 알게 되었다. 결과적으로 꽤 괜찮은 선택을 했다고 평가해본다. 학계에 계속 남아 있는 것과는 전혀 다른 경쟁과 연구 환경이지만 연구직으로서 전문성과 경력을 유지하면서 선택할 수 있는 적절한 옵션의 하나라고 본다. 누구나 다 똑같은 길을 가야만 하는 것은 아니기 때문에 '난 박사니까 교수가 되어야 해'를 반드시 고집할 이유는 없다. 자기에게 더 잘 맞는 일자리는 분명 있다.

회사 연구원을 위한 조언

대학원을 졸업하고 처음 회사라는 곳에 왔을 때가 기억난다. 연수원에서 한 달 가까운 시간을 보내면서 회사에 대한 충성심, 입사 동기들과의 우정과 추억, 이젠 나도 사회인이 된 것이라는 우쭐함 같은 복잡한 마음이 있었다. 가장 놀라웠던 것은 연수가 끝나니까 연수비를 봉투에 담아서 현금으로 한 사람씩 나눠주는 때였다. 아니, 이런 일에 돈을 주네? 하긴 면접을 보러 왔다 갔다 해도 면접비를 주었으니까, 역시 회사는 뭐가 달라도 다르다는 생각을 했었다.

부서에 배치를 받고 인사를 오니 선배들이 우르르 몰려든다. 당시 팀장님이 '나박사는...' 하면서 어디서 무엇을 배웠는지 팀원들에게 대신 자기소개를 해주는 걸 보고 또 한 번 놀랐었다. 나보다 더 자세히 알고 있는 그분을 보며 회사는 뭔가 다른 세상이라는 감탄을 또 한 번 했다.

다만 연구 생활은 대학원의 연장선처럼 느껴졌다. 출퇴근 시간이 있었지만 당시 회사 기숙사에 살던 터라 퇴근의 개념도 모호했던 건 사실이다. 전공 분야에서는 다루지 않았던 피부에 대한 이해와 공부를 하는 것은 새로운 도전이었지만 실험은 회사라고 크게 다르지 않았다. 아침이면 세포가 잘 크는지 확인하고 적당한 때가 되면 실험을 했다. 실험실의 분위기, 실험도구와 기기 모두 학교에서와 비슷했다. 팀장님을 빼면 넥타이를 매고 출근하는 사람도 거의 없었다.

내 경우는 입사하자마자 팀에서 할 일이 딱 정해져 있었다. 이것저것 고민할 필요도 없이 6개월 넘게 열심히 효능 소재 찾는 업무(스크리닝이라고 보통 부른다)를 했다. 아침부터 저녁까지 그냥 실험만 하면 아무 문제도 갈등도 없었다. 사실 입사 초기에는 조직의 생리를 이해하기란 어려운 시절이다. 모든 것이 낯설기 때문에 조직에 대한 적응, 새로운 사람들과의 관계 정립 그 자체가 내 지상과제였다.

회사에서 겪은 낯선 경험의 기회는 그리 멀리 있지 않았다. 당시에 식스시그마 문화를 열심히 내재화하려고 노력하던 때라 의무 과제 같은 것이 있었다. 신입인 나에게 과제가 할당되어 몇 개월 동안 위에서 말한 스크리닝 업무를 꽤 타이트하게 관리하면서 진행해야 했다. 기쁘게도 결과가 잘 나왔다. 내부적으로 몇 번의 경합을 했는데 어쩌다 보니 최종 결선에도 올라서 사장님 앞에서 발표를 하게 되었다. 발표 전에 어쩌다 모인 간식타임 때, 누군가가 나에게 그런 말을 했다.

"○○○는 좋겠네. 금수저를 물고 태어나서"

무슨 말인가 이해가 되질 않았다. 금수저라는 표현도 그때 처음 들었다. 나중에 알고 보니 신입사원이 사장님 앞에서 발표하는 기회를 갖는 것은 흔하지 않은 것이었음을 돌려서 표현한 것이었다. 아니 뭐... 난 그냥 시킨 일을 열심히 했고 결과를 잘 얻은 것뿐인데? 내가 아무 잘못이 없고 의도하지 않아도 구설에 오를 수 있음에 당황스러웠다. 왜 그런 얘기들을 하는 건지 이해가 되지 않았다. 회사에 오니 생각보다 다른 사람, 다른 부서, 다른 조직에 대한 사람들의 관심이 참 많은 걸 알게 되었다. 아주 단편적인 회사생활의 예시다. 시기나 질투가 많다는 점이 아니라, 연구를 잘하는 것 외에도 고려하고 신경써야 할 부분이 더 많고 복잡하다는 얘기다. 대학원에서는 그럴 필요가 없다. 사람이 사는 곳에 있는 기본적인 갈등은 당연히 있다 해도 다들 자기 졸업과 연구 테마에만 집중하면 되는 곳 아닌가.

어느새 15년이 지나갔다. 20년 넘게 회사를 다니신 분, 나보다 더 승진해서 임원급으로 계신 다른 분들에 비하면 내 경험은 여전히 짧다. 그래도 지금의 연차가 되니, 회사에 대한 이해가 부족한 후배들을 위한 몇 가지 이야기를 해볼 수 있지 않나 싶다. 특히 이공계 대학원을 졸업하고 회사를 생각하는 사람들에게 말이다. 내가 여러 회사와 업무를 경험해 보았다면 더 풍부하고 다양한 이야기가 가능하겠으나, 여태 같은 직장에서만 있다 보니 다분히 편협할 수 있다. 그러나 '조직'이라는 관점에서 대부분 회사라면 대동소이하지 않겠나 추측해본다.

연구직은 대학원이랑 비슷할까_회사와 대학원의 차이

대학원 생활의 가장 큰 특징은 바로 교수와 학생 간의 관계다. 교수는 학생의 졸업이라는(적어도 그 시기엔) 일생일대의 중요한 결정을 하는 사람이다. 내 동기 중에도 지도 교수를 잘못 만나 10여 년에 가까운 시간을 학위에 바친 경우도 있다. 의도하진 않더라도 일종의 주종관계가 형성되기 쉽다. 불합리하다고 생각되는 부분도 받아들여야 하는 상황들이 있다. 내가 대학원을 다닐 때는 지금에 비해 더더욱 이해하기 어려운 일들이 많았다. 학생이라는 이유로 지금 돌이켜보면 부당한 일을 한 적도 있다. 다 지나간 일이지만 여전히 그때를 떠올리면 당황스럽던 기분들이 고스란히 떠오르곤 한다.

회사에 들어오면 상사와 부하의 관계가 생긴다. 이제 졸업이라는 중요한 이슈와는 무관해졌지만 상사의 파워를 무시할 수는 없다. 상사는 나의 행동과 업무 성과를 항상 관찰하며 연말이 되면 잘했는지 못했는지 '평가'한다. 평가에 따라 회사에서 내 입지가 달라질 수 있다. 인사고과는 차곡차곡 쌓여 내 이력을 남긴다. 좋은 사원으로 인정받으면 연봉도 다른 사람보다 많이 오르고 남보다 빨리 승진하는 기회를 얻는다. 물론 가장 중요한 것은 본인의 행동과 성과겠지만 그걸 알아주고 인정해 주고 챙겨주는 사람이 상사라는 점은 잊지 말자. 또한 상사는 내 회사 생활의 멘토가 될 수 있다. 쉽진 않겠지만 나에게 공감해 줄 수 있고 롤모델로 삼을 수 있는 상사를 한두 명 둔다면 좋겠다. 개인적으론 롤모델로 삼았던 옆 팀 선배가 퇴직할 때 참 마음이 아프고 허전했다.

학생일 때는 보통 학교에 돈을 내고 다닌다. 그러나 회사에 오면 상황이 완전히 달라진다. 솔직히 말해 월급 받는 맛에 다니는 것을 부정할 수 없다. 연간 예산 중 인건비가 차지하는 비중이 반 이상이다. 아무래도 연구조직이다 보니 기본 석사 이상의 인력이다. 급여가 상대적으로 높다. 회사는 그럼 무엇을 바랄까? 열심히 돈만 주고 고급 인력을 부린다고 기뻐할까? 아니다. 받는 만큼 아니 받는 것 이상의 퍼포먼스를 요구한다. 성과에 대한 압박이 높아질 수밖에 없는 것이다. 개개인의 퍼포먼스가 모여 회사의 성과로 이어지고 매출, 영업이익이 늘어난다. 회사의 성장에 따라 개인별로도 성과가 좋으면 흔히 보너스라고 부르는 이익배분제Profit Sharing, 인센티브Performance Incentive를 더 많이 받을 기회가 높아지므로 결국 회사와 조직원의 관계는 고용·피고용의 관계로만 보기엔 너무 제한적이다. 나는 공생관계라고 생각한다.

실제로 돈에 민감하게 된다. 회사는 모든 자원(사람, 시간, 공간, 기회 등등)을 돈으로 생각할 수밖에 없다. 종이컵 하나라도 허투루 쓰는 것을 바라지 않으며 항상 원가인하Cost Reduction, ROI(return on investment, 투자대비수익률)에 대한 요구가 있다. 내가 전에 일했던 부서는 제품 개발 시 원가 10원을 인상할 것인가, 말 것인가에 대해서 끝없이 고민한다. 원가 10원의 차이가 1억, 10억의 차이로 나타나기 때문이다. 같은 회사에 다니면서 이런 것을 전혀 모르는 연구원들도 있다. 나 역시 같은 회사라는 이름 아래 근무하는 직원이었지만, 특정 조직에서 일해보기 전에는 감도 잡지 못했던 일이다. 연구직 중에서도 돈을 벌어오는 부서가 있는 반면 펑펑 쓰는 부서도 있다. 나는 주로 돈 쓰는 부서에서 근무해왔음에도 늘 자원 투자에 대한 아쉬움이 있었다. 그러나 점점 연차가 쌓이면서 생각이 바뀐다. 자원은 늘 한정될 수밖에 없다. 그걸 효율적으로 쓰는 것, 어찌 보면 그것도 연구기술, 조직 운영기술의 하나일 것이다.

대학원 생활과 가장 다른 것 중의 하나는 바로 연 단위로 짜여지는 업무 패턴이다. 대학원에서는 모든 것이 졸업에 물려있다. 매일 매일의 실험과 공부를 통해 얻은 성과는 궁극적으로 졸업요건을 충족하기 위함이다. 보통 그 기간이 최소 2년(석사)에서 길면 6~7년이 걸리는 경우도 있다. 그러니 일 년마다 뭔가를 정리할 이유도 없고 필요도 없다. 회사도 물론 긴 호흡을 통해 연구하는 장기 과제들이 있다. 하지만 아무리 길어도 3년 이상 가는 것은 많지 않다. 또한 어떤 장기 과제도 다 끝날 때까지 기다려 주지 않는다. 항상 연말이 되면 1년 동안의 성과에 대해 보고해야 하고, 중간성과를 잘 냈는지 업무 결과에 대한 평가를 받는다. 처음엔 이런 과정이 잘 이해되지 않았다. 연구 결과가 어찌 일 년마다 나올 수 있겠는가. 다분히 관리중심의 상황들이라고 생각되었고 회사 경영진은 연구라는 걸 이해하지 못한다고 느꼈다. 이제는 그걸 받아들일 수 있다. 회계연도에 맞춰 입출금을 계산하고 성과를 평가해야 하는 현실을 말이다. 여전히 아쉬움은 있다. 대신 중장기 연구들을 어떻게 연간 단위로 쪼개어 효율적으로 운영할지 고민하게 된다.

절이 싫으면 중이 떠나라고 한다. 그런데 절을 당장 떠날 수는 없는 노릇이니 중이 살아남을 방법을 찾는 것, 어쩌면 그것이 회사원으로 되어가는 과정이 아닌가 싶다.

나의 브랜드를 갖자_전문성

    석사나 박사를 하게 되면 '전문성'이라는 꼬리표가 달린다. 학부에서 배우는 전공 공부가 해당 분야의 광범위한 지식의 습득이라면, 대학원 과정을 통해 그중 일부를 더 깊이 연구하게 된다. 숲보다는 나무 한 그루를 더 자세하게 들여다보고 이해하는 것이 대학원 공부의 백미다. 그렇게 작은 영역에 대한 깊은 이해를 마치고 막 대학원을 졸업하는 석·박사의 경우 독립적으로 연구를 기획, 계획하고 수행할 수 있는 능력은 많이 떨어진다. 보통 박사 후 과정(포닥)이라고 불리는 트레이닝이 필요한 이유다. 그러나 회사에서는 일단 그 사람이 무엇을 전공했고 어떤 기술을 습득했는지를 본다. 전공했던 기술을 통해 회사가 원하는 일을 할 수 있는지 판단하고 채용을 결정한다. 연구의 기획은 회사 생활을 통해 차차 배우면 된다고 생각한다.

    세상은 넓고 능력자들은 많다. 석사나 박사까지 하는 경우 다들 공부라면 남부럽지 않게 한 사람들이다. 안타깝게도 회사엔 그런 사람들이 널렸다. 비슷한 전공을 가진 사람들, 능력이 엇비슷한 사람들이 한 팀에도 여럿이다. 우리 회사만 해도 연구조직에 400명이 넘는다. 남들과 다른 나만의 무엇이 필요하다. 나는 그것을 개인 브랜드라고 부른다.

비슷한 제품이라도 어떤 브랜드 이름을 갖느냐에 따라 가격도 차이가 나고 소비자의 선택이 다르듯, 내 동료들과는 구별되는 개인 브랜드의 가치를 생각해 볼 필요가 있다. 연구직인 만큼 가급적 어떤 기술의 '전문가'로 기억되는 것이 좋다. 해당 분야의 연구, 과제, 이슈가 발생했을 때 항상 떠오르는 누군가가 되는 것이야말로 영광스러운 일이 아닐까. 그것도 되도록이면 명품 브랜드로서 말이다.

때로는 남들의 오해로 또는 우연한 계기로 해당 분야의 전문가처럼 인식되는 경우도 있다.

입사 후 한 팀에서 3년 동안 근무하다가 1년간 다른 팀으로 발령이 났다. 이동한 팀에서 팀장님 요청으로 카이스트의 한 교수님과 공동연구를 담당하게 되었다. 물리적 자극이 피부에 미치는 영향을 보는 연구였는데, 어느 날 보니 내가 회사 내에서 그 분야의 전문가라고 알려져 있더라. 물론 공동연구 때문에 논문도 보고 공부도 하면서 나름의 지식을 쌓긴 했지만 전문가라니? 이게 무슨 황당한 상황인지. 마침 미용기기 개발에 관심이 많던 때라 관련된 무슨 일만 생기면 부르거나 찾아오는 것이 내심 좋기도 했지만, 혹시라도 잘못된 판단을 하는 데 영향을 끼칠까 부담스럽기도 했다. 얕은 지식이 드러

날까 걱정도 되었다. 몇백 명이 있는 조직일지라도 새로운 분야나 희소성이 있는 기술의 경우 의외로 전문가가 없는 경우도 많다. 그래서 무주공산으로 전문성을 획득하는(?) 경험도 할 수 있다(실력은 금방 드러나기 마련이지만 말이다. 사실 바람직한 예시는 아니다).

해가 지나고 다른 팀장님과 몇 년을 일하게 되었다. 그 당시 팀장님은 전문성에 대한 고민에 대해 이렇게 조언해 주었다. 남들이 나를 봐주는 모습을 부정하지 말고, 받아들이는 것이 더 좋다고 말이다. 앞서 말한 것처럼 수많은 연구원들이 한 곳에서 일하고 있는 만큼 다른 사람들에게 나의 전문성에 대한 아이덴티티Identity와 가치를 인정받기는 쉬운 일이 아니기 때문이다. 열심히 노력해도 고만고만한 사람으로 인식되는 경우가 많다 보니 때로는 한 번의 강한 임팩트가 필요하다.

한 번의 강한 임팩트와 관련된 곁다리 에피소드를 소개한다. 언젠가 연구소장님의 스태핑 업무(참모진)로 일 년 동안 일을 한 적이 있다. 신임 소장님은 다른 연구소에서 오랫동안 계시다가 내가 일하는 연구소로 발령을 받으신 케이스였다. 나에 대해 잘 모르실 거라 생각했기에 스태핑할 사람으로 선택한 이유가 자못 궁금했다. 같이 일을 한 지 몇 달 지나 이유를 들을 수 있었다. 2~3년 전쯤 연말에 중요한 발표 기회를 잡은 적이 있었다. 그때 정말 열심히 준비했고 다행스럽게 수상의 영광도 안았다. 소장님은 그때 나를 처음 알았다고 했다. 어, 발표 좀 하네, 누구지? 하는 강렬한 인식을 남겼던 것이다.

기회가 되고 능력이 허락한다면 하나의 전문성만을 고집할 필요는 없다고 생각한다. 회사 일을 하다 보면 잘 아는 분야만을 파서 장인처럼 되는 경우도 있지만 멀티플레이어로서의 능력을 요구하는 경우가 훨씬 더 많다. 연구원이기 때문에 당연히 내 기술 분야는 잘 알아야 하고, 그와 더불어 리더십, 조직 운영, 전략적 마인드 등을 갖는다면 실로 자신의 브랜드 가치는 가늠하기 어려울 정도로 높아진다. 탄탄한 기본기(기술 전문성)를 바탕으로 브랜드 가치를 쌓아가자. 그러면 『격의 시대』라는 책에서 말하는 No. 1보다 Only 1이 될 가능성은 점점 높아질 것이다.

사람 관계가 제일이다_인간 관계

대학 입학 시 학과를 정하는 것처럼 대학원을 갈 때는 자신이 원하는 '방'을 고를 수 있다(여기서 방이란 실험실을 말한다. 연구 분야에 따라 다르겠지만 보통 세포방, 면역방 등으로 애칭(?)을 붙이기도 한다). 뽑을 수 있는 정원이 정해져 있는 경우 경쟁을 할 때도 있다. 그래도 어떤 분야의 일을 할지에 대한 선택권이 나에게 있던 셈이다.

직장의 업무란 조금 다르다. 팀의 이름이 정확하게 하는 일을 반영하진 않는 경우도 있고 모호한 이름의 조직명도 있다. 때로는 업무 기밀을 유지하기 위해 엉뚱한 이름을 만들기도 한다. 조직도만 봐서는 무슨 일을 하는 건지 모르게 만드는 것이다. 그런데 직장에 대해 모르는 학생의 입장에서 지원하다 보면 정확히 어떤 일을 하는지 알지도 못한 채 원서를 내기도 한다. 요즘 신입사원들은 이런저런 소스를 통해 어느 부서가 어떤 종류의 일을 하는지 잘 알고 오기도 하지만, 정작 배치는 어떨 땐 원하는 곳과는 다르게 되기도 한다. 같이 일하는 어떤 동료는 그가 가진 전문성과는 전혀 다른 부서에서 일을 시작하기도 했다. 직장 생활을 시작할 때 나의 선택권이 상대적으로 줄어드는 것이다.

내가 일하는 부서와 마찬가지로 상사나 동료직원도 마음대로 고를 수 없다. 대학원을 떠나 막 사회생활을 하는 사람이라면 더 낯선 환경에 노출된다. 대학원은 사회생활이기도 하지만 여전히 학교생활의 연장선이다. 비슷한 전공 분야를 하면 일(연구)을 바라보는 생각과 기준이 비슷하게 형성되기 쉽다. 반면 회사는 전혀 다른 삶과 전문지식을 가진 사람들이 모여 있으니 더 복잡하고 다양성이 높다. 거기에 속된 말로 머리가 큰 사람들이라 수시로 충돌과 갈등이 일어난다. 그런 조직생활 속에서 남는 것이 무엇이었을까 돌아본다. 손꼽고 싶은 것은 역시 사람이었다. 좋은 의미에서건 나쁜 의미에서건.

나를 괴롭게 만들던 사람 vs 나에게 힘을 주던 사람

입사하고 배치받은 부서의 첫 사수를 잊을 수 없다. 훗날 나의 팀장이 되기도 했으니 이걸 인연이라고 부를지 악연이라고 해야 할지 모를 일이다. 매주 업무 회의를 했었다. 기분이 좋다가도 회의 전날이 되면 다운되기 시작했고, 급기야 당일 아침엔 너무 출근하기가 싫었다. 숨 막히던 회의 시간이 아직도 선명하다. 그것이 회사의 일을 배우고 성장할 기회였다면 이렇게 안 좋은 기억만 남지는 않았을 것이다. 그 리더는 본인 업무에 대해서는 흠잡을 데 없었지만 사람들을 리딩하는 역량은 부족했다. 물론 배운 것도 있다. 리더가 되려면 어떤 점을 준비해야 하는지 깨달았다. 반면교사라는 말을 이럴 때 쓰라고 만든 말일 것이다. 또 한 팀장은 딱 1년간 같이 일했는데 그 기간 내내 욕하면서 다녔던 기억이 있다. 퇴근하면 일단 와이프에게 "오늘은 말이야, 그 사람이..."로 저녁 식사 내내 화풀이를 했더랬다. 팀을 옮기고 나서 와이프가 늘 하던 말이, "지금 팀장은 좋은가 봐? 거의 말을 안 하네"라고 할 정도였다. 이분은 주로 '말'과 '언어'로 괴롭힌 다는 특징이 있었다. 그래서 어떤 사람은 팀장이 보냈었던 이메일을 모두 모아 언젠가는 한 번 크게 터뜨리리라 하고 맘먹기도 했었으니 오죽했을까 싶다.

물론 주변에는 늘 조언과 격려를 아끼지 않는 사람들이 훨씬 더 많다. 가끔 차 한잔하면서 힘든 일은 없는지, 회사생활에 대한 팁을 알려준 선배에게 고마움을 느낀다. 일하면서 크게 겹친 적 없었지만 볼 때마다 주먹을 쥐며 화이팅을 외쳐주던 선배도 있었다. 늘 유쾌하고 자신감 넘치는 모습에 '아, 멋진 선배란 저런 것이구나. 나도 저런 선배가 되고 싶다'라는 생각을 갖게 한 사람이다. 삶에 대한 가치관은 달랐지만 회사 생활이라는 테두리 안에서는 힘이 되는 선배였다. 그가 퇴사한다는 소식을 들었을 때 정말 낙담했던 기억이 있다. 워낙 잘나가던 사람이라 예견된 수순이라는 생각으로 아쉬운 마음을 다독였으나 정신적으로 많이 의존했었다는 걸 새삼 느꼈다.

내 곁에 있기만 해도 좋은 사람

팀장이나 연구소장이 되면 드러나는 확실한 특징이 있다. 말이 많아진다. 물론 말이 많은 사람이 승진을 하는 것이 아니다. 왜 그럴까? 나름 진지한 고찰을 한 결과, '외로워서'라는 답이 나왔다. 어제까지 옆자리 동료였던 사람이 팀장으로 발령 나면 어쩔 수 없는 거리감이 생긴다. 그 거리감만큼 윗사람들은 부하직원들과 소통의 기회가 적어진다. 괜히 직원들과 얘기할 기회라도 생기면 자꾸 말하고 싶어지는 것이 인지상정일 것이다. 얘기가 흘러흘러 '나 때는 말이야'나 실적에 대한 훈계와 쪼임으로 연결되지만 않는다면 좋겠다. 어쨌거나 위로 올라갈수록 책임에 대한 부담은 높고 직원들과 편하게 이야기하기는 어려운, 외로운 자리가 되는 것은 확실한 것 같다.

꼭 보직의 중요성과 높고 낮음을 떠나 연차가 쌓여갈수록 아는 사람들은 점점 줄어든다. 이런저런 이유로 동기와 선배들은 회사를 떠난다. 기댈 수 있는, 아니 그냥 편하게 속내를 말할 수 있는 상대 자체가 몇 명이 되지 않게 된다. 그냥 내 얘기를 있는 그대로 들어주는 편견 없는 사람, 때로는 같은 편이 되어 욕도 해주는 사람, 업무의 어려움이 있을 때 이것저것 재지 않고 시원하게 해결해 주는 사람. 이런 동료들이 주변에 있으면 마냥 힘이 된다. 때로는 그런 동료들이 있어 회사 다니는 의미가 생기기도 한다. 힘들 때 얼굴 보며 차 한잔할 수 있는 사람을 많이 둔다면 회사 생활이 그리 어렵지 않을 것이다.

적을 만들지 말자

입사해서 두 번째 팀장이었던 분의 말이 떠오른다.

"사내에서 모두가 친구일 수는 없지만 적을 만들지는 마라."

이 글을 쓰다가 생각이 났다. 10년이 넘게 시간이 지나 이 말을 곰곰이 해석해 보니 적이란 반드시 적대적인 관계만을 의미하는 것은 아닌 것 같다. 조직 생활을 하다 보면 오늘 안 좋은 관계였던 사람과 내일 갑자기 협업을 해야 할 때도 있고, 마냥 좋게 지내던 사람이 간혹 뒤통수를 치는 경우도 있었다. 너무 자신만의 이득을 취하려고 하면 본의 아니게 적으로 인식될 수도 있다. 같은 부서에서 근무하다가 발령 때문에 헤어졌다가도 다시 만나고, 관련성이 전혀 없던 사람과도 언제 어디서 무슨 일을 같이하게 될지 모르는 것이 회사 생활이다. 그러니 적어도 내가 하는 일에 딴지 거는 일 없이 가만히만 있어줘도 그 자체로 의미가 있다. 자칫 적이 생기면 쉽게 될 일을 시작조차 못 하는 경우가 있다.

가끔 지난날을 되돌아보면 회사생활에서의 인간관계란 누군가가 이득을 보면 다른 상대는 피해를 보는 제로섬 게임처럼 느껴지기도 한다. 너무 소모적이란 생각에 안타깝기도 하다. 하지만 회사 생활에서 되도록 많은 인맥을 쌓자. 이건 사실 누군가에게 하는 말이 아닌 나 자신에게 하는 말이기도 하다.

우물 안 개구리 벗어나기_이직 기회

평생직장이란 개념이 사라진 지 오래되기도 하고 평균 수명 역시 비약적으로 증가한 요즘, 다른 회사나 직군으로 이동하는 것은 그리 이상한 일이 아니다. 작은 개념의 이직으로는 같은 회사 내에서 팀을 바꾸는 경우도 있다. 나 또한 이직을 하려고 다른 팀으로 가기 위해 준비한 적도 있고, 현 직장을 그만두는 것을 전제로 타 회사 면접을 본 경험도 있다.

다른 회사로 이직

회사를 다니다 보면 매너리즘에 빠질 때가 있다. 어느 정도 업계의 속성을 파악했다 싶을 때 다른 유사 직장으로의 이직을 고민하게 된다. 나에게는 그 시기가 5년 차 정도에 찾아왔다. 대학원 후배로부터 자신이 다니는 회사에 자리가 있으니 지원해 보라는 연락을 받았다. 서류 통과, 전화 면접까지 잘 진행되었고 프레젠테이션과 임원과의 최종 면접이 기다리고 있었다. 프레젠테이션은 선방했다. 최종 면접이 문제였다. 영어로 진행되었기 때문에 의사를 정확히 전달하는 데 문제가 있었던 것은 사실이다. 그것보다는 질문에 대한 대답이 좋지 않았다. 왜 회사를 옮기려 하냐는 물음에 부당한 대우와 평가(인사고과)를 이유로 들었다. 솔직한 대답이긴 했다. 하지만 새로운 회사에서 할 수 있는 일과 능력, 나의 역량을 피력하는 것이 더 바람직한 대답이었을 게다. 지금 생각해 봐도 참 민망한 대답을 했다는 생각이 든다. 솔직하게 대답했다는 만족스러움도 있다. 그러나 그 자리가 컨설팅이나 고민 상담도 아닌, 이직이라는 큰 주제에는 결코 맞지 않았다.

〈CEO Report〉라는 자료에 보면 인재들이 이직을 고려하는 이유로 더 나은 승진 기회(43%), 도전적인 직무 기회(28%), 즐겁게 일하는 곳을 찾아(23%) 등이 상위에 있다. 이직률이 매우 낮은 일본 GE의 인사 담당자에 따르면 우수 인재들이 성공하고 싶고 꿈을 이루고 싶은 경력 욕구를 조직이 뒷받침해 주는 것이 필요하다. 급여 인상도 빼놓을 수는 없지만 조직 안에서 '성장하고 있다는 느낌'이 더 중요한 요소다. 이직에 관한 여러 조언들 중에 더 이상 기존 조직에서 성장하지 못한다면 문제가 있음을 느끼고 이직에 대한 고민을 시작해 볼 것을 추천하는 내용을 종종 본다.

이공계 박사학위 소지자 설문 결과, 민간기업 연구원의 이직이 높다. 표본수가 적긴 하지만 600명 중 50여 명의 민간기업 연구원을 포함해 70%에 달하는 연구자가 한 번이라도 이직한 경험이 있다고 한다. 특히 첫 직장 재직기간이 2년 이내인 경우가 78% 이상인데, 입사 동기들을 봐도 그렇다. 초반에 아예 다른 곳으로 빨리 이동해서 다시 자리를 잡거나 장기적으로(나처럼) 현 직장에 눌러앉는다.

학계로 이직

주변에 보면 학계로 가는 선후배가 참 많다. 성과(논문) 관리도 하고 채용 시기와 전문성이 잘 맞으면 학교 쪽으로 진출하는 기회는 제법 생긴다. 한 가지 주지할 점은 아는 사람들이 참 많이 퍼져있어 레퍼런스 체크를 당하기 쉽다. 한 번은 나에게 대학 동기가 전화를 걸어왔다. 우리 회사 출신 연구원이 자기가 근무하는 대학에 지원했는데 어떤 사람인지 궁금하다는 것이다. 회사 내에서의 평판 관리가 사내 입지에만 영향을 주는 것이 아니다. 다른 동료들에게 좋은 인상을 남기는 것은 언제나 득이 된다.

학교로 이직할 때도 상황을 잘 판단해야 한다. 학교는 연구가 물론 중요하다. 회사 출신 경력자를 채용하는 학교는 회사에서 겪은 경험과 네트워킹을 잘 이용해서 산학연계의 기회를 얻고자 함이 크다. 졸업생들의 취업에도 도움이 되길 바란다. 앞선 친구의 전화 사례의 사연을 들어보니 지원자의 연구력보다 산학 기회를 높이고자 하는 의도가 있음을 알 수 있었다.

오래되었지만 2012년 〈이공계 인력 육성과 활용, 처우에 관한 실태조사〉(미래창조과학부)를 보면 이공계 박사 이직률이 6.1%(2011)→6.5%(2012)이다. 특히 기업에 다니는 경우, 9.1%에서

12.2%로 늘었다. 박사 학위가 나름의 선택권을 갖는 기회로 작용하여 학교로 가는 것이다. 당시 통계에 따르면 기업 근무하는 박사 평균 임금이 7,375만 원이고, 대학의 박사 임금이 7,127만 원이라 처우 자체도 큰 차이가 없다고 한다. 그러니 차라리 '연구 그 자체'에 충실할 수 있는 대학을 선호한다는 것이다(어떤 데이터를 활용해서 평균 임금을 계산했는지 모르겠으나 최근 자리를 옮긴 지인의 사례를 보면 동의하기 어렵다. 그는 10년 이상의 회사 경험을 가지고 있었으나 대학으로 갈 때 연봉이 반토막 났다). 어쨌든 학교로 가고 싶은 까닭은 내 연구의 자율성을 확보하고 싶다는 측면이 강하다. 또 하나, 상대적으로 불안정한 기업 연구소보다는 학교가 주는 안정감도 무시할 수 없다. 그래서일까? 공공·민간연구소에서 대학으로, 대학에서 다른 대학으로, 공공연구소에서 민간연구소로 이동은 있어도 대학으로부터 다른 부분으로 인력 이동은 거의 없다.

타 부서로의 이직(이동)

사내에서 빈번히 일어나지만 막상 내가 그 대상이 되면 가장 고민스럽고 힘든 과정이다. 앞서 말한 이직은 현 직장을 그만두는 것이다. 퇴직해서 다른 곳으로 가버리면 차라리 깔끔하다. 회사 안에서 다른 부서로 가는 경우가 오히려 복잡하고 어렵다. 옮기고 싶은 사람의 의지가 훨씬 강하기 때문에 결과적으로는 이동하는 경우가 많다. 단 상위 의사결정자가 강력히 반대하면 괜히 말만 꺼내서 불편한 경우가 생기기도 한다.

타 부서로 옮기고 싶은 사유는 다양하다. 동료와의 갈등, 상사와의 갈등, 또는 현재하는 일이 맞지 않아서이다. 새로운 일을 경험하고 아예 경력 경로Career Path를 달리 가져가는 사례도 있다. 예를 들면 연구직에서 마케팅 업무로 이동을 한다거나, 기초 연구에서 제품 개발로 부서를 옮기는 예시가 있다.

보내려는 부서는 아쉽기 마련이다. 원치 않는 갈등을 겪게 된다. 갈등을 최소화하기 위해 회사 안에는 다양한 프로세스가 존재한다. 누구나 원한다면 업무를 바꿀 수 있게 도와주는 장치들이 마련되어 있다. 하지만 결국 결정은 사람이 하는 것이라 의사결정자에 의존적인 점은 쉽게 바꿀 수 없다. 드물게 어떤 사람을 다른 부서로 보내줄 의향이 있는데 타 팀에서 받지 않고 싶어 하는 경우도 있다.

전문성과 개인 브랜딩의 관점에서 사내 이직은 선택의 문제다. 회사에 온 이상 다양한 경험을 통해 넓은 시야를 가진 제너럴리스트 Generalist를 추구하는 사람도 있을 것이다. 주변에도 몇 년에 한 번씩 여기저기로 잘 이동하는 사람이 있다.

이직에 왕도가 있는가?

최근 대학에 있는 친구가 연락을 해왔다. 교수 자리가 있는데 올 생각 있냐는 것이다. 보통 대학에서 교수 채용 시 지원자의 최근 3년 연구 성과를 중요하게 여긴다. 아쉽게도 해당기간 내에 쌓인 성과가 너무 부실해서 서류 지원조차 할 수 없었다.

그러니 언제 어느 때나 준비가 되어 있어야 한다. 준비라는 것이 떠날 마음가짐과 자세를 가지라는 것이 아니다. 지금 하는 일에서 수준 높은 성과와 좋은 평판을 쌓아 놓는 것이 반드시 필요하다. 기회는 늘 준비된 사람이 잡을 수 있는 법이니까.

링크드인 활용하기

직장인들의 페이스북이라 불리는 링크드인linkedin 사이트를 아는
가? 링크드인에서도 페이스북처럼 1촌을 맺어 인적 네트워크를 확
장할 수 있다. 페이스북처럼 학교나 출신 지역, 친구 관계 등을 통해
인맥 추천 기능이 있다. 무엇보다 직장을 기준으로 추천 기능이 강력
하다는 것이 특징이다. 각종 회사의 채용 공고를 수시로 확인 가능한
부분도 있다. 그래서 링크드인은 헤드헌터들이 활동하고 활용하는
사이트로도 유명하다. 내 프로필을 잘 작성해 두면 가끔 헤드헌터를
통해 이직에 대한 정보와 기회를 찾을 수 있다. 프로필은 가급적 전
문성을 어필할 수 있도록, 특히 경력이 어떻게 개발되어 왔는지 상세
하게 기재할수록 좋다. 잘 모르겠으면 나와 비슷한 분야와 일을 하는
사람의 작성 내용을 참고하자. 비슷하게 써보는 것도 도움이 된다.
나도 몇 번 링크드인을 통해 스카우터에게 연락을 받았다. 거절한 적
도 있고 인터뷰까지 진행해 본 경험도 있다. 항상 어딘가 기회가 있
기 때문에 이직을 원한다면 이런 서비스를 활용해 보는 것도 좋겠다.

이직을 떠나서 이 사이트의 장점은 가장 충실한 기능, 즉 나만의
네트워크 확장이다. 싱가포르 근무 초기에 일면식 없는 사람에게서
링크드인 메일을 받았다. 자신의 연구가 산업계에서 활용되었으면
하는데 어떤 부분을 유의하면 좋은지 업계에 있는 사람과 인터뷰를
하고 싶다는 요청이었다. 그때 이어진 인연이 아직도 잘 유지되고 있

다. 참고로 그는 인터뷰 이후 1년 만에 스타트업을 시작했고, 각종 관련 상을 받는 등 좋은 경력을 쌓고 있다. 안타깝게 우리 회사와의 인연은 진행되지 못했지만 그 친구를 알게 된 것만으로도 좋다. 그를 통해 또 다른 인연을 만날 수 있을 것이 기대된다.

Curriculum Vitae.

우리말로는 '이력서'라는 뜻이다. 라틴어에서 온 것으로 원래 뜻은 'course of life'라고 한다. 의미 있는 말이다. 짧게 줄여서 보통 CV라고 부른다. 세미나 강연자를 초대할 때 종종 CV 좀 보내달라고 부탁을 한다. 강연자를 소개할 때 필요한 까닭이다.

회사원에 CV 관리가 왜 필요하냐고? 나 역시 이런 건 교수님이나 임원급 정도 되는 사람들에게만 필요한 것이라고 생각했었다. 그러다가 어느 날부터 이력서를 관리하기로 결심했다. 이력서는 잘 작성해 두면 이직을 위해 서류를 낼 때 가장 유용하게 쓰일 수 있다. 어쩌다 강연 초청을 받을 때도 필요하다. 나는 꼭 그런 이유가 아니라 솔직히 개인의 역사를 기록한다는 의미에서 관리를 시작했다. 매년 쌓여가는 연차만큼 소중한 내 경력을 남겨두고 싶은 생각이었다. 30대의 전부를 회사와 함께했다. 40대의 중반을 지나가는 지금 나라는 사람의 역사를 기억해 줄 수 있는 것은 이력서밖에 없지 않은가.

연말이 되면 이력서 파일을 연다. 그동안 쌓인 흔적들을 잠시 읽어 보고 뿌듯한 마음이 들곤 한다. 처음엔 논문 성과를 쓰는 게 그렇게 좋았다. 한때 매년 2~3편씩 연구 성과를 낼 수 있었기에, 그리고 그 것이 논문이라는 객관적 증거로 남는다는 것이 신기했다. 직장인 특 히 연구자라면 특허도 중요하다. 회사 근무 중 개발한 특허는 결국 회사 것이긴 하지만 좋은 특허를 통해 내 일의 의미가 한층 풍요로워 짐을 느낀다.

최근부터 어떤 과제를 했었는지, 과제에서 무슨 역할을 했는지 CV 에 추가하고 있다. 과제의 내용을 보면 어떤 일을 할 수 있는 사람인 지 드러난다. 역할(주로 과제 리더)을 통해 다른 사람들을 통해 성과 를 창출해 내는 사람인지도 보여줄 수 있다. 내 이력서에는 기초 연 구과제 수행 경력도 있고, 개발 업무를 위한 과제 경력도 있다. 내부 과제만 한 것이 아니라 다른 학교나 기관과의 공동연구 경험도 적어 두었다. 2년 전부터는 해외 연구소 근무라는 흔하지 않은 경험도 적 을 수 있었다. 회사에서 주는 수상 경력, 사내 모임에서의 간사 역할 등도 꼼꼼히 적어두었다. 다양한 경험이 쌓여가는 만큼 당신의 이력 서도 탄탄하고 풍성해진다.

이력서를 관리하면서 생긴 습관은 보다 긍정적이다. 늘 성과가 좋 을 수는 없는 법. 어떤 해는 이렇다 할 새로운 내용이 없어 이력서 파 일을 열었다가 금방 닫았다. 나 자신에게 실망스러웠다. 좌절도 잠 시, 새로운 동기부여가 생겼다. 내년에는 더 신경 써서 일하리라 마 음먹은 것이다. 오늘부터라도 어떻게 하면 늘 비슷한 회사 생활 속에서 경력을 관리할지 전략적으로 아이디어를 생각해 보자. 참, 나에겐 올해 작가라는 이력이 추가될 것이기에 더 기쁘다.

이력서 구성에 관해

구성은 간단하다. 검색해 보면 수많은 이력서 예시를 찾을 수 있다. 보통 이름과 출생지, 교육 이력(학교), 결혼 여부 등과 같은 간단한 신상 정보를 나열한다. 다음으로 현재를 포함해서 어느 곳에서 어떤 근무를 언제부터 언제까지 했는지 기록한다. 근무 당시의 포지션 (멤버인지 리더인지, 사내 기준의 직위 등도 포함)도 기재하는 것이 좋다. 그다음엔 수행한 과제, 과제의 성격, 과제 기간과 간단한 성과 등을 적어두면 좋다. 연구성과는 가급적 객관적인 데이터 논문, 특허와 수상 이력 등을 통해 알 수 있도록 하자. 너무 많은 양으로 승부하기보다는 전문성을 드러내는 핵심 성과 위주로 정리하는 것이 바람직하다. 그 외 추가로 나란 사람을 잘 표현할 수 있는 정보(기타활동)를 적으면 완성이다.

기술의 지향점_고객과 현장을 생각하라

몇 주 전, 우리 팀으로 작은 기기 하나가 전달되어 일종의 기술 검토를 부탁받았다. 스마트폰에 연결하여 피부 진단을 해주는 컨셉의 기기인데, 말이 좋아 그렇지 사실 작은 확대경 수준의 도구였다. 기술적으로 따지자면 본격적인 피부 진단은 어려운 도구였다. 전문 기계를 사용해서 측정하는 연구원 시각에서 보면 아이들 장난감 같은 느낌이었다. 이미 개발과 양산은 다 끝나고 실제 현장에서 사용 시에 어떤 점들을 고려해야 하는지 의견을 주는 정도의 의뢰라서 내심 실망했다. 기왕이면 더 좋은 품질로 하면 좋지 않을까 하는 아쉬움이 남았다.

그렇게 돌려보낸 후 완전히 잊고 지내다가 오늘 우연히 그 도구의 쓰임새가 어떤지 듣게 되었다. 여전히 질적인 완성도는 아쉽다. 그런데 현장에서의 반응은 너무 좋다고 한다. 무엇보다 이 도구를 통해 제품 판매로 자연스럽게 연결되고 있고, 판매 사원들의 자부심도 한층 올라갔음을 짧은 글 안에서 느낄 수 있었다. 가장 놀라운 것은 고객들은 이렇게 '전문적인 진단'을 받아서 매우 만족한다는 호평 일색이었다.

전문적이라니, 세상에. 이런 반응과 실적은 나에겐 적잖은 충격이다. 기술 전문직으로서 당연히 추구하는 기술적 가치와 수준은 당연히 높아야겠지만, 실제 그것이 고객에게 받아들여질 때는 전혀 다른 관점에서 바라보아야 한다는 점을 일깨워 줬다. 만약 이 도구를 개발할 때 기술자인 우리들에게 먼저 시작하라고 했으면, 아니 중간에 함께 얘기하자고 했으면 어땠을까? 장담하건대 아직도 개발에 난항을 겪고 있을지 모른다. 또는 개발이 끝났을지라도 내가 원하던 스펙의 제품이 아니어서 불만스러울 것이다. 현장의 쓰임새보다는 기계의 사양과 측정의 정밀도, 정확도와 같은 숫자에만 집착했을 것이다.

이 기기가 성공하고 있는 이유를 생각해 보면 도구가 사용되는 공간, 대상이 되는 고객, 도구의 사용자 등의 요소가 복합적으로 잘 맞물린 것으로 보인다. 바쁘게 돌아가는 영업 현장에서는 기술직 관점의 고품질·정밀 진단이 핵심 문제가 아니었다. 고객의 마음을 사로잡을 수 있는 설득의 포인트가 있고, 이에 걸맞은 도구(기술)가 필요했던 것이다. 우리가 비록 측정 장비로서의 기술적 가치를 평가 절하했던 도구였지만 고객과의 접점에서는 충실하게 역할을 잘 하고 있는 것이 성공의 이유였다. 기술자들이 이 문제를 풀고자 고민했다면 적어도 기술 자체의 편협함에서 자유롭지 못했을 것이란 결론에 이른다. 그래서 늘 답은 '현장에 있다'고 하나 보다.

기술을 이용하여 더 좋은 제품을 만들기 위한 내 업무의 관점을 바꿀 필요는 없다. 이번 사례를 너무 확대 해석하여 기술만능주의에 주는 일침으로 보아도 안 된다. 그러나 분명 고객 접점에서 일어나는 일을 잘 알고 이해해야 한다. 그렇게 할 때 기술개발의 방향성이 더 의미를 가질 수 있다. 어쩌면 그것이 제품과 기술이 제공해야 하는 진정한 '가치'가 아닐까. 기술쟁이의 한계를 한 꺼풀 벗어 던지는 것이 이렇게 어렵다.

기술개발과 마케팅의 갈등

주니어 시절에는 시키는 일만 잘하면 되었다. 그런데 일을 하다 보면 연구자의 입장에서 가끔 얼토당토않은 의뢰를 받을 때가 있다. 리더에게 "왜 이걸 해야 하나요?" 하고 물어보면 돌아오던 대답이 주로 마케터가 원한다는 이유였다. 내가 보기엔 관련성이 낮아 보임에도 특정한 결과를 원하니 기술적으로 해결해 달라고 요청이 오면 안 할 수도 없고 신나게 하기도 힘들다. 보통 그럴 때 기술자·엔지니어들이 하는 말이 있다.

"기술도 모르면서…"

연차가 쌓여서 이제는 내가 마케터를 직접 만나게 된다. 내가 주니어 때 받던 요청에서 많이 달라지지 않았다. 다행스러운 점은 요청의 수준이 해마다 올라간다는 것이다. 마케터도 충분히 고민하고 기술 개발을 요구하는 것이기 때문이다. 하지만 여전히 설득력이 떨어지는 일들이 많다. 그러면 우리(기술개발자)는 말도 안 된다며 이걸 꼭 해야 하는 일인지 반문한다. 서로 논쟁이 일곤 한다. 마케터는 아마 뒤돌아서서 이렇게 말할 것이다.

"마케팅도 모르면서..."

마케팅의 본질에 대한 유명한 일화로 소개되는 스티브 잡스의 동영상이 있다. 'Think Different' Campaign을 런칭하면서 사내 직원을 대상으로 프레젠테이션했던 내용이다. 여기서 스티브는 Marketing Is About Values라고 한다. Value(가치)? 잡스가 의미하는 '마케팅에서 전달해야 하는 가치'는 무엇일까? 나이키의 사례를 든다. 나이키는 신발을 팔지만 신발의 성능을 얘기하지 않는다. 나이키라는 회사의 존재 이유, 그들이 추구하는 가치는 다른 것(위대한 운동선수들을 존경하는 마음)에 있다는 점이다.

유사한 의견을 CIO 기사에서도 찾을 수 있다. '기술회사의 마케팅 전략 새로 짜기'란 기사의 일부만 발췌해서 아래에 소개한다.

좋은 마케팅이란?

마케팅을 잘 모르는 사람들이 하는 오해 중 하나가 '마케팅=광고'라고 생각해 버리고 단순히 소비자의 관심을 끄는 것 정도로 여긴다는 것이다. 광고는 '마케팅'에서 빙산의 일각일 뿐, 마케팅에는 그 외에도 제품 선택 및 개발, 가격 결정, 배포 등 다양한 것들이 포함된다. 광고는 마케팅의 한 분야인 프로모션 전략의 일부분일 뿐이라고 비즈니스 딕셔너리 닷컴(BusinessDictionary.com)은 정의하고 있다. 마케팅이란 결국 소비자의 마음을 움직이는 일이며 때문에 대부분의 엔지니어들은 마케팅에 소질이 없다. 마케팅이 비과학적인 분야여서가 아니라 단지 열역학보다는 심리학과 더 관계가 있기 때문이다. 마케팅은 제품 설계나 제작보다는 판매에 더 가까운 행위이다. 마케팅의 궁극적인 목적은 해당 제품에 별 관심이 없던 사람들도 설득해 그 제품을 사도록, 그것도 되도록이면 많이 사도록 하는 것에 있다.

위에서 인용한 '좋은 마케팅'에 언급된 것처럼 제품의 개발도 마케팅의 범위에 들어간다는 점이 인상적이다. 소비자의 마음을 움직이는 포인트는 무엇인가? 특정 제품을 사고 싶은 욕구는 어디서 오는가? 그것은 바로 제품이나 브랜드, 회사가 제공하는 가치에 있다. 나 역시 스마트폰으로서 기능은 유사하지만 갤럭시가 아닌 아이폰을 선택하는 이유는 애플이라는 회사가 만드는 제품에 대한 구매와 소유의 가치를 더 우선하기 때문이다. 같은 돈을 투자해서 다른 것이 아닌 특정 회사 제품을 사는 이유는 그만한 가치가 있는 것이다.

가치의 근거는 다양하다. 제품의 효능·효과가 제1가치일 수도 있고, 제품이 얼마나 착한 생산과정을 거쳤는지가 제1가치일 수도 있다. 최고로 멋진 디자인과 패키징을 구매 가치에 두는 고객도 있을 것이다.

마케팅의 'ㅁ'도 모르는 기술개발자 입장에서 요청하고 싶은 건, 마케터가 이 제품으로 고객에게 제공하고자 하는 가치가 무엇인지 먼저 결정하고 설명해 주는 것이다. 개인적인 경험뿐이라 매우 한정적이겠지만 많은 마케터들이 설익은 제품(가치)을 일단 들고 와서 기술을 적당히 입혀주길 기대한다. 또한, 아래와 같은 사례는 지양해야할 점이다.

- 기술적으로 전혀 불가능한 것: 달에서 가져온 신비한 소재를 사용해서...
- 마케터 혼자만 꽂힌 것: 기술적으로 전혀 다른 결과가 예상되지 않음에도 마케터만 중요하다고 생각하는 가치

고객에게 제공하고 싶은 가치를 기술개발자와 조율하면서 개발 방향을 보완하면 좀 더 생산적이리라 믿는다. 기술개발자 역시 평소 만나기 꺼려지는 마케터와 합의점을 찾는 포인트가 여기에 있다. 개발자들이 빠지기 쉬운 잘못이 '기술 그 자체'의 중요성만 본다는 점이다. 기술이 고객에게 주는 가치가 무엇인지를 마케터와 함께 고민하면 기술의 의미와 필요성, 방향이 더 선명해질 것이다. 기술개발자가 실제로 많은 회의에서 늘 공격받는 것들이기도 하다.

기술개발자: "이 기술은 세계 최초로 ○○○을 시도해서 ○○○을 성공시킨 것으로…"
마케터: "그래서, 이 기술은 고객에게 어떤 새로운 가치를 주나요?"
기술개발자: "……"(그건 당신이 고민해야지!)

기술을 전달하는 것에 있어서 마케터만 고민해야 할 몫이 아니란

뜻이다. 기술 가치를 고객에게 전달하기 위해 개발자 자신이 더 고민하고 효과적으로 이야기할 수 있어야 한다. 이렇게 협력적 관계를 구축하는 것이 중요하다. 마케터를 만나더라도 적대적으로 대하지 말고 같이 제품을 개발하는 담당자로 생각해 보자. 마케터는 요구하는 위치, 기술개발자는 대응하는 위치라고 관계를 규정하면 내가 그동안 겪었던 사례들의 무한 반복일 뿐이다.

여전히 남은 고민이 있다. 기술개발의 방향은 마케터의 통찰 또는 직관에 온전히 의지해야 할까?(Market-Driven) 아니면 좋은 기술을 선제적으로 개발하고 마케터를 통해 고객에게 잘 전달하는 것이 옳을까?(Tech-Driven)

이 갈등도 참 오래됐다. 마케터를 만나면 그들은 기술개발 내용을 먼저 요청한다. 오늘만 사는 것처럼 일단 다 내놓으라 하는 경우도 있다. 기술개발자 입장에선 마케터가 설계한 제품을 먼저 보여주길 바란다. 제품의 내용물을 기술적으로 어떻게 구현할 수 있을지 고민하고 싶다. 개발자 입장에선 똘똘한 기술을 잘 만들어서 마케팅이 원하는 가치의 하나를 제대로 증명해 보이는 것이 역할이다.

결국 이 부분은 일의 특성에 따라 달라지지 않을까 한다. 예를 들어 신약을 개발하는 회사라면 뛰어난 기술력이 우선일 것이다. 반면 일반 소비재 제조업은 유사한 다른 제품들에서는 제공하지 못하는 가치를 전달하는 마케팅이 좀 더 우세해야 하지 않을까? 화장품과 같은 브랜드 이미지나 감성이 중요한 제품은 비슷한 기술일지라도 각 브랜드가 추구하는 바에 따라 다른 옷을 입혀서 내는 것이야말로 진정한 마케팅 기술skill이 아닐지. 기술개발자 역시 선행적으로 새로운 기술을 개발해서 마케터에게 역으로 제안하고, 고객 가치를 함께 찾는다면 아주 아름답고 이상적인 선순환의 고리가 만들어질 것이다.

개발자로서 믿음을 가질 필요성

예전에 뉴스에서 잊을 만하면 만나는 제목이 있었다. '드디어 암 정복 가능해지는가?' 연구자로서 뉴스를 해석해 보면 이렇다. 아마 어떤 연구진이 오랜 연구 끝에 암세포의 분열을 조절하거나 영향을 주는 인자 하나를 찾았을 것이다. 실험실에서 일어나는 대부분의 연구는 매우 잘 통제된 조건 하에서 반복적으로 확인한다. 그런 경우에 통계적으로 유의미한 결과일 때 우리는 그 결과를 신뢰한다. 동물실험에서도 썩 좋은 효과를 냈을 것이다. 그런데 어째서 신기하게도 몇 년 지나서 '새로운 항암제 개발의 길 열려', '이제 곧 암 치유할 수 있어'라는 비슷한 뉴스가 계속 나올까? 오랫동안 바이오 분야를 전공하고 회사 일을 하는 경험에 비추어 보면 그 답은 간단하다. 생명 현상은 그리 간단하지 않기 때문이다(너무 무책임한 발언인가). 사실 신약 개발을 위해 유효한 분자 타깃을 잘 찾는 일이 참 쉽지 않다. 타깃에 대한 안전하면서 효과 높은 성분을 찾는 것은 더더욱 힘든 일이다.

조금 대책 없는 답변 같지만 실제로 그렇다. 생명현상의 기본적인 반응은 특정 상황을 야기하는 신호물질-수용체-수용체를 통한 세포 내 신호의 증폭 과정에서 일어난다. 만약 어떤 특정한 신호를 일부러 막아보자(저해제라고 부르는 것이 보통 그런 작용을 한다). 그 신호와 연결된 세포 내부의 반응은 완전히 멈추게 될까? 보통 그렇지 않다. 어떤 이유에서 그렇게 구성되었는지 몰라도 세포 내 신호는 이것저것이 매우 복잡하게 연결되어 있다. A라는 신호를 막아도 어딘가에서 연결된 B라는 경로가 이를 보완·보상해주는 일을 벌인다. 이로 인해 완전한 셧다운이 불가능하기도 하고, 예상치 못했던 반응-side effect을 보이기도 한다.

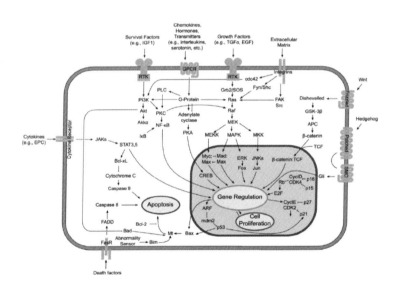

▲대표적인 세포 내 신호전달의 관계도(출처:위키피디아)

이런 현상과 발견은 정말 재미있고 연구 가치가 있지만 회사 연구 개발 시에는 문제가 된다. 특히 어떤 물질을 개발하는 과정에서 늘 챌린지를 받는다. A라는 새로운 물질로 내가 원하는 효과를 얻을 수도 있지만 과연 '충분하게' 얻을 수 있는지 답하기 어렵기 때문이다. 더군다나 내가 하는 일은 사람이 죽고 사는 문제가 아닌, 즉 신약과 같은 강력한 효과를 기대하기 어려운 고민을 다루고 해결하려는 영역이다. 약처럼 강력한 타깃 조절이 아닌 경우 기대 효과가 낮을 가능성이 크다.

그렇지만 경영진은 명쾌한 답변을 좋아한다. 아직도 잊혀지지 않는 경험이 있다. 주니어 시절, 특정 분자 타깃의 저해제를 개발하는 연구 결과를 발표했다. 당시 사업부장님의 질문.

"와, 그거 좋아 보이네. 그러면 이제 피부에 있는 기미 고민을 100% 해결할 수 있는 거야?"

나는 이 분야를 연구하면서 단 한 번도 100% 해결을 예상해 본 적이 없었다. 다양한 가능성 중에 어떤 의미 있는 타깃을 찾았고, 그것을 조절할 수 있는 소재를 발견했다는 것이 더 중요하다고 생각했다. 그런데 상품을 개발하거나 마케팅을 하는 입장에선 조금 다른 질문을 고민한다.

"이번에 개발한 그 물질을 사용하면 고객들의 피부 고민이 (완전히) 해결되나요?"

"새로운 경로를 찾았다고 하는데 그러면 이제 안티에이징anti-aging 효과가 기존보다 탁월해지는 건가요?"

"그럴 수도 있고 아닐 수도 있습니다." 실제로 그렇다고 해도 이렇게 대답하면 곤란하다. 연구자로서의 의심은 있을지언정 개발자로서의 믿음은 가져야 한다. 그런 믿음이 없으면 스스로도 일을 추진하기 어렵다. 당연히 합리적 의심과 질문은 계속되어야 한다. 연구의 시작은 계속되는 질문 속에 있다. 하지만 어느 순간 답을 해야 할 때 모호함은 잠시 내려둔다. 위에서 예를 들었던 사업부장님의 질문 의도는 이런 것이 아니었을까?

'당신의 연구내용에 대해 다른 사람을 설득할 정도로 강한 믿음이 있습니까?'

가끔 기본기를 점검하는 이유

회사 들어와 처음으로 다른 사람들을 매니징하던 꼬꼬마 리더 시절의 이야기다.

내가 맡은 업무의 기본 개념은 어떤 물질을 세포에 처리하고, 일정한 시간이 지난 뒤 세포의 반응성을 보는 것이다. 그 결과로 어떤 물질이 효과가 있는지 없는지를 살핀다. 있다면 어느 정도인지, 어떤 농도에서 효과가 나오는지 등을 판단한다. 이런 실험을 할 때 보통 시험물질과 별개로 표준물질(양성·음성 대조군이라고 부르는)을 포함시킨다. 전체적으로 실험이 잘 되었는지 판단하기 위함이다.

실험을 다 마치고 나면 보통 눈으로 봐서 큰 차이를 알기 어렵다. 눈에 보이지 않는 단백질이나 DNA, RNA 등이 변하기 때문이다. 그 변화를 인지하기 위해 평가 시약이란 것을 쓴다. 그걸 처리하면 어떤 경우는 눈으로 직접 차이를 볼 수도 있다. 어떤 실험은 분광 광도계라고 부르는 기기를 이용해 특정한 값(수치)을 얻는다.

값, 즉 데이터를 얻게 되면 이것을 다시 해석하는 과정이 있다. 함수를 도출해서 계산해야 하기 때문에 엑셀을 이용해서 계산을 한다. 보통의 경우 워낙 정형화되고 반복되는 실험을 하다 보니 예전에 쓰던 엑셀 파일 수식을 그대로 쓰는 경우가 대부분이다. 이번 실험에서 얻은 값을 복사-붙이기 해서 쉽게 최종값과 필요에 따라 그래프를 얻곤 한다.

같이 일하던 연구원의 실험 결과를 받아보니 분광 광도계로 얻은 값과 최종 결과 그래프 사이에 뭔가 맞지 않는다는 기분이 자꾸 들었다. 별로 차이가 나지 않는 값인데 그래프에서는 엄청 차이가 있다거나 또는 그 반대의 경우가 종종 나오는 것이다. 이해가 잘 안 되는 결과가 반복되어 로우 데이터(Raw data, 미가공 자료)를 보고 싶었다. 늘 결과 값만을 확인하다가 가공하지 않은 최초 결과를 함께 달라고 해서 분석해봤다.

이유는 단순한 곳에 있었다. 습관적인 복사-붙이기로 인해 오류가 생긴 것이다. 분광계를 통해 얻은 수치는 그냥 숫자일 뿐 아무 의미가 없다. 데이터를 의미 있게 보려면 스탠다드 커브(standard curve, 표준곡선)라는 것을 이용해야 한다. 만약 분광계 값이 스탠다드 커브의 신뢰성 있는 구간에 들어오지 않으면 그 값을 해석하는 데 무리가 있다. 말 그대로 'standard'이기 때문이다. 필요에 따라 스탠다드 커브에 맞추기 위해 시료를 희석 또는 농축해야 한다.

이 연구원은 그 부분을 간과한 채 과거의 엑셀 파일에 값만 넣고 결과 그래프를 얻었던 것이다. 표준Standard을 다시 잡는 실험과 함수

계산이 필요했다. 그런 이유로 분광계 수치와 최종 결과 사이에 뭔가 잘 맞지 않는 그림이 나왔던 것이다. 그 이후 한동안 로우 데이터를 함께 보며 결과를 해석하는 단계를 밟았음은 물론이다. 경력이 많은 연구원일지라도 루틴한 업무에서 집중하지 않으면 위와 같은 오류에 빠지기도 한다.

예전에 한 성격해서 정말 X랄 맞은 선배가 있었다. 그랬던 그에게서 유일하게 배운 점은 '원리'를 알고 결과를 분석하는 태도였다. 앞서 소개한 사례도 기본적인 원리에서 출발한 문제다. 당연히 알고 있을 것이라고 생각하는 점을 놓치는 경우가 있다. 이름만 대면 알만한 대학원을 나온 사람들도 종종 이런 오류를 범한다. 그러니 가끔 '원래 그렇게 하는' 일들에 대해서도 의심을 가질 필요가 있다. 왜 결과가 안 나오지? 하고 실험만 반복할 것이 아니라 결과 해석에도 많은 공을 들여야 하는 이유다.

좋은 연구계획서란 무엇일까

R&D에는 다양한 형태의 자원, 즉 돈과 인력, 시간이 투여된다. 그 결과물이 되는 제품은 판매를 통해 투자 이상의 가치를 가져와야 한다. 돈을 벌 수 있어야 새로운 일에 자원을 투자하는 선순환이 가능하다. 연구계획서는 R&D의 각 업무를 몇 개월 또는 연간 단위로 어떻게 진행할지 실행 계획을 구성하는 의미가 있다. 특히 새로운 일을 시작할 때 왜 이 과제·연구를 해야 하는지, 하고 나면 어떤 결과물을 손에 쥘 수 있는지, 그래서 우리가 더 좋은 제품과 서비스를 제공할 수 있는지 경영진에게 설득이 필요하다. 연구계획서에는 아래 내용들이 들어간다.

· 연구배경: 시장 환경, 경쟁사 동향, 기술개발 동향
· 연구목적 및 목표: 무엇을 얻고자 함인가
· 접근방법: 어떻게 목적, 목표를 이룰 것인가에 대한 방법론

· 마일스톤: 목적, 목표를 달성하는데 일정한 주기마다 세부 목표를 제시하고 관리

· Output: 연구가 끝나면 얻게 될 구체적인 성과물

· 리스크 관리: 이 연구가 진행되는데 방해가 되거나 문제가 될 수 있는 요소는 무엇이며 어떻게 해결할 것인지

전체적인 전개가 익숙하게 보인다면 아마 당신은 논문을 써 본 경험이 있을지도 모른다. 구성이 논문 작성과 썩 비슷하다. 제일 먼저 할 일은 이 분야의 다른 사람들이 무엇을 하는지, 어디까지 했는지 살펴본다(Introduction). 우리가 이번 연구과제에서 밝히고자 하는 점은 무엇이며(Objectives), 어떤 연구방법을 사용해서(Materials and Methods), 결과는 이런 것을 얻었다 또는 얻을 것(Results)이라고 소개한다. 결과의 의미는 무엇이며, 어떤 가치가 있는지, 어떤 인사이트를 주는지를 설명한다(Discussion).

연구계획서에서 가장 중요한 것은?

학교에서 하는 연구와 기업의 연구에서 가장 큰 차이는 상업적인 성과다. 학문적 새로움과 뉴파인딩이 중요한 학계의 연구와 달리, 기업의 연구란 궁극적으로 고객에게 의미 있는 가치를 줘야 한다. 아무리 최초라는 타이틀이 붙은 연구일지라도 고객의 고충을 해결하지 못하거나, 사용을 통해 편리함이나 즐거움을 주지 못한다면 기업의 R&D로서 의미를 두기 어렵다. 돈이 되는 연구란 그런 것이다. 연구의 목적이 개인의 지적 호기심을 향해 있으면 곤란하다. 기업의 연구

계획서에서는 연구개발의 끝에 항상 고객이 있어야 한다. 이공계 연구자들이 종종 겪는 어려움이 바로 일의 당위성, 즉 고객과 연구 개발의 목적을 연결하는 부분이다. 학문적 궁금증에 따른 성과에 훈련되어 있던 석박사 과정과 달리 기업은 고객 가치가 있는 연구개발을 원하기 때문이다.

지양해야 할 것_모호하고 일반적인 내용

많은 계획서를 쓰고 제안서를 만들어 봤다. 이젠 익숙하게 쓸 수 있을 거라 자신하지만 늘 작성에 어려움을 겪는다. 좋은 레퍼런스를 만나기도 쉽지 않다. 개인적인 작성팁 하나. 가급적 구체적으로 써야 한다. 누구나 아는 일반론으로 계획서를 채우는 건 바람직하지 않다. 이공계 연구자들은 문제를 푸는 방법론에 대해서는 더할 나위 없는 전문성을 갖고 있다. 어차피 우리가 하는 모든 일이 고객을 위한 것 아니냐고 말하기 쉽다. 많은 고객의 고충 중에서도 어떤 부분을 해결해 줄지, 타깃 고객은 어느 연령으로 하는 것이 맞는지 한 번 더 고민해야 한다. 모든 사람들의 주름을 개선해 주기보다는 노화가 시작되는 30대 여성의 얕은 주름부터 관리하는 기술처럼 구체화된 타깃을 설정하는 것이 더 좋다.

제일 막연하게 다가오는 것이 연구 성과의 활용이다. '계획'이기 때문에 미래에 어떤 일이 벌어질지 아무도 모른다. 제안한 결과를 기한 내에 얻을 수 있을지도 막연하다. 그러다 보면 흔한 표현을 쓰기 마련이다. ○○○제품 개발에 반영, 특허·논문 ○건, 지적 자산 확보를 통한 방어막 구축 등. 그런 것보다는 정말로 연구개발을 통해 얻고 싶은 또는 얻어야 하는 목표와 성과가 무엇인지 아주 자세히 써보자. 방점을 잘 찍어서 표현해 주면 한 단계 더 고심한 흔적이 분명 드러날 것이다. 좋은 계획서는 고민의 양에 따라 비례한다.

계획서를 잘 쓰기 위해 다른 사람이 쓴 것을 참고하면 도움이 된다. 비슷한 연구 주제를 어떻게 썼는지 벤치마킹 할 수도 있다. 본받을 만한 좋은 용어나 표현 등을 체크해 두고 내 계획서를 작성할 때 반영하는 것이다. 이러면 남보다 좀 더 나은 계획서, 완성도 높은 제안서가 가능하다.

계획서보다 중요한 것은 실행

계획은 구상한 것을 구체화하기 위한 시작일 뿐이다. '예병일의 경제노트'라는 제목의 메일링 서비스를 받고 있는데 마무리로 때마침 좋은 내용이 있어 소개한다.

좋은 아이디어, 멋진 착상을 떠올리는 사람은 제법 많습니다. 그러나 대부분의 사람들은 아이디어에서 그치지요. 그건 별 의미가 없습니다. 머릿속의 아이디어에 실제 작업, 즉 노동이 더해져야, 그것도 오래 더해져야 무언가가 만들어질 수 있습니다. 그게 어려운 것입니다. 우리가 잘 아는 프랑스 화가인 에드가 드가. 그는 화가였을 뿐만 아니라 시인이기도 했습니다. 아름다움을 볼 줄 알았고 시적 창의성도 있었다고 합니다. 하지만 드가의 시는 한 편도 남아 있지 않습니다. 그 이유를 알 수 있는 일화가 있습니다.

어느 날 드가는 친구이자 시인인 스테판 말라르메에게 시를 짓는 것에 대한 고민을 털어놓았습니다. 머릿속에는 많은 시상이 떠오르지만 그걸 시구로 표현할 수가 없어서 고민이라는 것이었지요. 그러자 말라르메는 이렇게 대답했습니다.

"드가, 시를 만드는 것은 시상들이 아니야. 실제 단어들이야."

시를 만드는 것은 머릿속의 시상이 아닌, 노동에 가깝다는 얘기였습니다. 조각가 니나 홀튼도 비슷한 말을 했더군요.

"어떤 생각의 씨앗만으로는 스스로 우뚝 서 있을 조각 작품을 만들지 못합니다. 그것은 그저 씨앗으로만 존재할 뿐이지요. 그다음에 이어지는 것은 힘든 작업(일, 노동)입니다."

시를 만드는 것은 머릿속의 시상이 아닌 현실의 노동입니다. 시뿐만이 아니라 우리의 모든 일이 그렇습니다.

그렇다. 좋은 계획서를 실현시키는 구체적인 실행이 따르지 않는다면 아무리 멋지고 아름다운 계획이라도 의미가 없다. 현실로 구현하는 노동과 노력의 중요성을 절대 잊지 말자.

한 단계 올라서기_기획을 통한 연구제안

대학원에서는 보통 교수님이 던져주는 연구 테마가 있다. 그 일을 잘 마쳐서 졸업을 하거나, 학생 스스로 큰 테마 안에서 세부적인 관심사를 도출해서 연구한다. 회사에서도 낮은 연차 시절엔 시키는 일, 주어진 일, 조직에서 필요로 하는 일 등을 주로 하게 되지만 언제까지 그렇게 지낼 수만은 없다. 또 누구나 매년 새로운 과제나 제품, 기술에 대한 연구개발 계획을 제출하는 기회가 있다. 때로는 강제되기도 한다. 직장인이라면 더더욱 자기 연구나 기술개발의 주제를 잡고 제안할 수 있어야 한다.

연구 제안, 기술개발 제안이라는 것이 그리 거창한 것은 아니다. 일을 하다 보면 자기가 관심 있는 영역을 알게 된다. 해보고 싶은 주제에 대해 기존의 기술과 제품을 조사하고, 개선할 점을 찾는다. 이전에 없던 완전히 새로운 아이디어가 나올 수도 있다. 어떤 경우든 고객이 가진 고민과 니즈를 해결할 수 있게 하는 기술을 제공하는 것이 제안서의 핵심이다. 앞서 소개한 연구계획서를 활용하여 연구 제안을 할 수 있을 것이다.

기획은 좀 더 치밀한 행위를 말한다. 누누이 얘기하지만 자원은 한정되어 있다. 연구에 사용할 수 있는 금액뿐 아니라, 연구자 자신도 가용할 수 있는 시간과 노동력은 제한되므로 모든 일을 할 수 없다. 리더 입장에서는 진행하면 좋은 연구개발 제안이라도 결국 우선순위를 정해야 한다. 이와 같은 배경을 이해하면, 기획이란 원하는 바를 쟁취하기 위해 보다 전략적인 제안서를 작성하는 것임을 알 수 있다. 단지 이 일이 필요하다는 주장은 설득력이 떨어진다.

내가 생각하는 효과적인 설득과 성공적인 연구 기획의 3가지는 다음과 같다.

1) 기술 트렌드에 편승하기

연구자로서 최신 동향에 대한 관심과 업데이트가 있어야 한다. 너무 앞서가지도 말고 뒤떨어지지도 않게 말이다. 특히 화장품과 같은 소비재 제품의 경우, 트렌드에 맞는 연구나 제품을 개발하려는 시도가 중요하다. 단, 기술이 완성될 시점(또는 제품이 출시되는 때)에 너무 낡은 것이 되어버리지 않는지 조심하자.

2) 고객 가치를 잊지 말 것

기술적으로 매우 뛰어나고 독창적이라도 고객에게 의미가 없다면 회사의 자원을 지원해 줄 이유가 없다. 회사 연구의 끝은 항상 제품 적용을 위한 당위성을 가져야 한다. 고객은 때로는 회사 내부가 될 수도 있다(사내 조직의 역량향상, 인프라 구축 등).

3) 의사결정자의 관심을 고려할 것

제안된 연구를 승인하는 사람(들)이 해당 분야나 기술을 너무 잘 알고 있어도 곤란할 수 있다. '해봐서 아는데'로 귀결될 수도 있기 때문이다. 하지만 잘 아는 영역이나 관심이 있는 것이면 기술적인 전개에 대한 이해도가 높아져 도움이 될 것이다. 특히 경영진에서 관심을 갖고 있는, 자주 언급되는 것이라면 기획서 안에 중요한 키워드나 표현이 포함되도록 하자.

기획은 물론 쉽지 않다. 기술이 무르익지 않아 너무 도전적이어도 받아들이기 어렵다. 일단 탐색만 해보라는 답을 들을 것이다. 연구 중심적이어서 제품개발이 요원한 경우에도 환영받지 못한다. 필요한 일이라면 당연히 시작해야 하겠지만 때로는 명분과 당위성을 의도적으로 인정 받는 노력을 들여야 하는 경우도 있는 게 회사 일이다.

나의 경우 과제를 런칭시키기 위해 위와 같은 기획의 과정을 밟았다. 관심 있는 주제가 마침 당시 기술 트렌드에서 중요하게 다루는 영역이었다(상세한 기술 내용을 제시하는 것은 마땅치 않은 것 같아 자세히 쓰지 않는다). 관심이 있었지만 상세 내용에 대해 잘 모르는 부분이 있어 문헌 조사와 동향으로 지식을 쌓았다. 다음엔 이런 일을 할 수 있는 연구자를 물색했다. 상대 연구자를 만나면 아이디어를 확인만 하는 것이 아니라 더 크게 확장할 수 있다.

　그들이 가진 핵심 기술력으로 우리 회사에 어떤 도움을 가져올 수 있는지 고민하는 것은 기획자의 몫이다. 기획의 핵심은 기술의 달성·성공이 어떻게 고객이나 회사에 도움이 되는지 연결시키는 것이다. 내가 추진했던 연구 주제는 기술의 수혜자가 일반 고객이 아니라 회사의 내부 역량을 올리는 것이 목적이었다. 물론 최종 고객에게도 베네핏이 연결되긴 하지만 상대적으로 거리가 있었다. 충분한 조사와 제안 내용을 정리하고 보고서를 올렸다. 과제 필요성에 대한 챌린지를 대비하기 위해 기술에 대해 조언 줄 수 있는 내부 부서와도 미리 소통을 했다. 내가 전문가가 아닌 이상, 사내의 다른 전문가에게 조언과 질문, 필요 사항을 물어보는 것이 당연하다. 그렇게 준비를 마친 후 의사 결정권자에게 제안서를 올리고 최종 승인을 얻을 수 있었다.

학회 출장 보고서, 어떻게 쓸까

　기초 과학Basic science에 대한 연구직으로 지내면서 매년 크고 작은 학술학회에 참석할 기회가 있다. 운이 좋으면 코에 외국 바람 좀 넣고 돌아오는 출장이 된다. 똑같이 반복되는 일상으로부터 잠시 외유라도 하고 오면 기분전환뿐만 아니라 새롭게 얻은 정보를 통해 좋은 아이디어를 얻는 효과가 있다. 국내에도 좋은 학회들이 많지만 분야별로 규모 차이가 있다. 내 분야에서 해외 학회 참석이 필요한 이유는 글로벌 경쟁 업체의 동향을 파악하기 위함이다. 아무래도 그들은 한국에서 열리는 학회까지 참여하지는 않기 때문이다. 문제는 즐거운 출장을 나만의 좋은 기억으로 남겨두기 어렵다는 점이다. 직장인인 만큼 엄연히 출장 보고서를 남겨야 한다. 의미 있는 학회 출장 보고서를 쓰려면 어떤 점을 신경 써야 할까?

　저연차 시절을 돌아보았다. 해외 출장이라고 해봐야 1년에 한 번인 데다 여러 사람이 가기도 쉽지 않았다. 다른 사람들을 대표해 참석하는 것이므로 가급적 많은 내용을 습득해서 전파하려고 했다. 아직도 잊혀지지 않는 학회가 있다. 바로 10여 년 전 샌디에이고에서 열린 실험 생물학 학회다. 엄청나게 큰 학회장에서 분 단위로 쪼개진 발표 내용들을 놓치지 않고 듣기 위해 동분서주하던 내 모습이 선하다. 그때 보고서를 들여다보면 아무래도 큰 그림보다는 작은 기술들 하나하나에 포커스가 맞춰져 있다. 세부 기술에 대한 보고가 나쁘다는 것이 아니다. 보고서마다 목적에 차이가 있겠지만 좋은 보고서란 좋은 가이드북과 같다. 팩트를 기반으로 아이디어를 발전시켜 궁극적으로는 행동의 변화를 유발할 수 있는 방향성이 보이는 책 말이다. 개인적 경험, 연구 분야에 비추어 아래와 같이 제안해 본다.

나무보다는 숲

학회가 열리면 그해에 중심이 되는 주제와 강연자 구성이 있다. 미리 프로그램을 훑어보고 최근 기술 트렌드나 학계의 관심사와 연결시킬 수 있다. 키노트 연설 주제와 발표자를 잘 보는 것도 필요하다. 만약 내부 보고서 이력이 잘 보존되어 있는 회사라면 기존 보고서들을 조사하여 작년보다 올해는 어떤 점이 큰 차이인지 파악하기 쉬울 것이다. 전체적으로 머릿속에 이미지를 구상해 보는 단계라고 보면 좋다.

미리 공부하기

올해의 기조를 잘 살펴본 후 적절한 발표자도 찾았다면 다음은 그 연구자를 PubMed(미국 국립의학도서관 논문, 자료 검색 시스템)나 구글에서 검색해 보자. 과거에 수행한 관련 연구 내용(최소 몇 개의 논문 이력)을 파악할 수 있다. 보통 학회가 개최되기 2~3달 전에 전체적인 초록 자료abstract와 프로그램, 발표자 명단을 홈페이지에서 확인할 수 있다. 관심 있는 주제의 발표자에 대해 미리 공부해 가면 실제 현장에서 들을 때 이해가 훨씬 잘된다. 만약 자신이 잘 모르는 분야라면 회사 내 다른 부서 사람들을 통해 학습하고 가는 것도 좋다. 특정 분야에서 자주 쓰는 표현이나 핵심 단어들을 미리 알고 가면 발표를 따라가기 쉽다.

정리는 그날그날

개인적으론 가급적 당일 들었던 내용들을 밤에 정리해 두는 편이다. 집에 돌아가는 비행기에서 정리한다고 미뤄두면 기억이 사라지기도 하고 그날 들었던 느낌을 살리기 어렵다. 귀찮고 피곤하더라도 당일마다 내용을 정리하자. 오랜만에 출장인데 동료들과 즐겁게 술 한잔하고 싶을 수도 있다. 술자리를 가졌더라도 자기 전에 내용 정리해두기를 바란다. 가급적 보고서는 현업 복귀 후 일주일 이내에 정리하는 것이 생생한 리포트로서 가치가 있다.

우리는 비즈니스맨

연구자로서 관심 주제가 있어도 엄연히 비즈니스 출장이라면 그에 적절한 주제와 이야기를 전달해야 한다. 학문적 가치가 높아도 업무와 관련성이 적다면 특별하게 보고할 이유는 없다. 비즈니스 관점에서 학회 출장 전 관련된 부서들의 니즈도 알고 가면 더할 나위 없다. 니즈에 맞는 기술을 찾고 듣는 기회가 늘어나기 때문이다. 그리고 보고서는 나 혼자 보는 것이 아니다. 보고서의 가치는 동료들에게 영감을 줄 때 더 높아진다. 경쟁사의 연구 발표가 있다면 이것 역시 잘 정리해서 전달하도록 한다. 남이 무슨 일을 하는지 보고 배우는 것도 출장의 목적 중 하나이다.

나만의 인사이트

학술대회 참가 보고서를 쓰다 보면 세세한 내용에 빠지기 쉽다. 학계 연구자나 학생들의 경우 중요한 실험 프로토콜(실험 순서나 프로세스)이나 조건 등의 세부 내용을 파악하는 것이 더 중요한 경우도 있다. 실험이란 것이 매우 섬세하다 보니 특정한 조건이나 시약에 따라 결과의 수준이 달라지기도 한다. 하지만 기업의 연구라면 세부 항목보다는 기술을 바탕으로 어떤 연구나 개발이 가능한지 아이디어를 제안하는 것이 더 바람직하다. 궁극적인 참석 목적은 새로운 아이디어를 얻기 위해서다. 단순한 팩트의 나열보다는 참석자 자신의 관점을 추가한다면 더더욱 좋다. 보고자의 생각을 읽을 수 있도록 해야 보고서로서의 가치가 높아진다.

가짜 학회에 속지 마세요

오랜만에 브릭(BRIC; 생물학 연구정보 센터의 영어 약자로 한국 과학재단과 포항공과대학이 설립한 연구 정보 교류 웹사이트. 황우석 교수의 논문 조작사건 당시 큰 유명세를 탔다)에 갔다가 가짜 학술지와 학회 얘기를 읽었다. 연구자들이 실적을 올리기 위해 가짜 학회에 참석한다는 기사가 났기 때문이다. 인터넷 기사를 검색해 보면 가짜학회를 이렇게 설명하고 있다.

"가짜학회란 참가비 수입 등 영리적 목적으로 논문발표·출판 등 형식적 요건만 갖추고 심사과정을 부실하게 운영하는 학술대회다. 연구자가 가짜학회에 논문을 발표하고 허위로 연구 실적을 쌓는 부작용이 지적됐다." (2019년 중앙일보)

알면서도 실적 챙기기용으로 간 건 문제가 있지만, 모르고 간 것은 한 번쯤 용서해 줘야 하는 것 아니냐는 의견도 있었다. 그걸 보다가 기억 난 올해의 에피소드 한 토막을 소개한다.

올 초에 어떤 이유(여기서는 밝힐 수 없는)로 이름도 생소한 학회를 다녀온 적이 있다. 장소는 영국의 런던이다. 보통의 학회와 달리 런던 도심이 아니라 근처에 있는 개트윅이라는 공항에 위치한 호텔에서 학회를 한다는 것이 의아했다. 학술대회는 시골에서도 많이 하니까 그럴 수도 있다고 생각했다. 프로그램을 찾아보니 다양한 분야에서 강연자를 모아놓은 것이 특징이었다. 다양한 분야라는 것이 꼭 좋은 것은 아니지만 발표자 중 메이저급 회사도 한 곳이 있어서 믿고 참석했다. 가기 전에 걱정이 되어 개최자에게 혹시 몇 개의 회사에서 참석하는지 물어봤더니 20개 이상은 된다고 한다. 내가 잘 모르지만 새롭게 신경 쓰는 컨퍼런스라고 생각했다(실제로 인지도가 낮은 학회나 새로운 컨퍼런스는 이런 어려움을 겪을 수밖에 없다).

하지만 정작 도착해 보니 20개 이상의 회사가 아니라 20명 이상의 참석자였다. 게다가 참석자 중의 반 이상이 발표자라는 사실. 더 놀라운 건 명단에 이름만 올리고 참석도 안 한 사람이 거의 반이나 된다는 것이었다. 그나마 기억에 남는 발표자는 셔츠의 단추를 한 3개쯤 풀어 헤치고 머플러를 두른 채 열변을 토하던 모발이식 전문 의사 아저씨였다.

규모가 작더라도 알찬 발표만 있으면 절반은 성공이라는 생각으로 끓어오르는 분노와 당혹감을 참으려 했다. 가장 경악스러웠던 건첫날, 점심을 먹은 후 오후 2시쯤에 오늘 세션이 끝났다며 돌아가라는 거다. 원래 일정은 5시까지인데, 왜 끝났냐고 물어보니 발표자가 오지 않았다는 쿨한 개최 측의 답변. 첫날은 이런 이상한 컨퍼런스도 있구나 하고 당황했는데, 둘째 날은 일찍 끝나는 게 하나도 이상하지 않았다. 자세한 내용은 생략한다. 그나마 앞서 말했던 메이저 회사의 발표는 들을 만해서 기분을 좀 누그러뜨릴 수 있었다.

난생처음 이상한 컨퍼런스에 다녀온 느낌으로 소설을 써보면 이렇다. 이런 모임을 조직해서 개최하는 회사가 있다(실제로 그럴듯하게 홈페이지도 운영 중). 적당한 주제와 제목으로 사람들이 관심을 가질 법한 컨퍼런스를 구성한다. 그들이 가진 네트워크를 통해 발표자를 모집하고 전세계 관련된 사람들과 회사를 수신자로 메일을 보낸다. 거기에 낚여서 참석하는 사람들이 있다. 결국 참석자의 절반은 발표자들이니까 그들만의 리그인 셈이다. 내가 모르는 어떤 커미션도 있지도 모른다.

물론 아주 정직하고 괜찮은 모임을 지향하는 학술 컨퍼런스도 있다. 신생이어서 운영에 어려움이 있지만 출혈을 감수하면서도 좋은 강연자와 프로그램을 구성하려고 노력한다. 작년부터 참석해 온 싱가포르 미생물 분야 학술 모임이 그렇다. 잘 되면 좋겠는데 아직 초반이다 보니 참가자도 적고 운영이 어려운 것처럼 보인다. 이런 학술 모임에도 규모의 경제가 작동하는 듯싶다.

여하튼 일을 하다가 종종 받게 되는 이메일 중에서 스팸에 낚이지 않게 조심해야 한다. 가짜 학회는 아니지만 스팸과 관련해서 나의 경험을 얘기해 보자. 편수가 많지는 않지만 간간이 논문을 내고 여러 번 학회에 다니면서 어딘가에 이메일 연락처를 종종 남겼다. 그러면 반드시! 연락이 온다. 이름만 대면 알만한 좋은 저널에서는 당연히 연락이 오지 않는다. 생전 처음 들어보는 학회나 저널지 에디터의 메일을 받곤 한다. 처음엔 무척 신기했다. 특히 논문을 많이 내던 시기에 여러 학회에서 강연자로 와달라거나, 자기네 학술지에 논문을 내고 싶다면 빨리 연락하라는 등의 요청이 워낙 자주 왔다. 심지어 자신들의 학회에 좌장(특정한 발표 세션의 사회와 운영을 하는 사람)으로 꼭 참석해 주면 좋겠다는 메일도 종종 받는다. 그 자리가 나를 위해 특별히 마련된 것이 아님은 잘 안다. 왜냐하면 하는 일과 아무 상관없는 주제이기 때문이다. 게다가 좌장은 그 분야에서 명망 있는 연구자가 보통 맡게 된다. 그러니 이메일을 보낼 때 적절한 조사가 없었다는 의미다. 처음에 아무것도 모르던 나는 이제 학자로서 인정을 받는 건가 하는 마음에 우쭐하기도 했다. 하지만 이내 곧 이것도 스팸메일의 하나라는 걸 알게 되었다.

회사에서 시간과 돈은 엄청난 기회비용이다. 소중한 자원을 얼토당토않은 곳에 소비하지 않는 것도 연구비 관리 측면에서 제대로 바라봐야 한다. 좋은 학회에 가서 열심히 공부하기에도 빠듯한데 말이다.

논문 출판은 나의 힘

연구원으로서 연구에서 '가설과 검증'은 참 익숙한 표현이다. 내가 세운 가설에 대해 실험적으로 의심의 여지가 없을 만큼, 과학적인 방법으로 결과물을 만들어 내는 작업은 때로는 지치고 피곤한 일이다. 하지만 그 결과가 남들에게 알려질 때-바로 논문으로 출판될 때-그 희열은 맛보지 않은 사람은 알 수 없는 어마어마한 크기가 있다. 비록 살아오면서 그리 많지 않은 논문을 발표했지만 하나의 논문이 완성되기까지 어려움은 말해 무엇하랴. 개인적으론 카이스트에서 박사 졸업할 때 SCI급 저널(기술적 가치가 높다고 평가되는 학술지)에 발표하지 못해 6개월 정도를 더 다녀야 했던 아픔의 시간이 아직도 생생하다. 회사에서는 논문 출판 여부가 그 사람의 승진을 결정하는 중요한 문제는 아니지만, 이 바닥에 발을 들인 이상 무엇보다 연구자로서 나를 객관적으로 평가하는 또는 나의 연구력을 증명하는 기준 중의 하나는 바로 '논문'이다.

작년부터 힘들더라도 매년 논문을 내려고 노력하고 있다. 물론 회사의 제품 개발과 판매에 힘을 실어줄 수 있는 내용의 논문이다. 중간 관리자 역할을 수행하면서 막상 내가 파이펫(생물학 실험에 가장 흔하게 쓰이는 연구 도구)을 잡지는 못하니 실험결과는 팀 동료들의 힘을 빌리고 나는 교신저자를 자처하여 일을 진행했다. 작년에 진행된 연구 내용을 올해 초까지 실험하고 마무리해서 논문 2개를 투고했다. 투고한 저널에서 어떻게든 리비전(내용을 수정·보완해서 다시 제출하라는 요청)이라도 받으면 그나마 다행이다. 별다른 코멘트 없이 '당신의 논문은 훌륭하지만 우리 저널과 맞지 않아 실어주지 못하겠음. 다만 당신이 쓴 논문이 과학적으로 의미 없다는 건 아님'이라고 거절Reject 메일 날아올 때면, 받는 입장에선 '아, 나는 언제쯤 수준 높은 저널에 이름 한 번 올려볼 수 있을까?'라는 걱정이 앞설 것이다.

오늘은 그렇게 투고한 논문들 중 한 편에 대해서는 가차 없는 리젝트를, 나머지 한 편에 대해서는 채택acceptance 메일을 받았다. 좋은 일과 나쁜 일은 함께 온다던가. 그래도 기분 좋은 밤이다. 역시, 논문의 채택 메일에는 뭔가 모를 강력한 힘이 있다. 회사 선배나 상사가 주는 칭찬과 격려와는 다른 무엇이다. 연구직에 있는 사람으로서 '아직 연구할 능력이 있는가?', '연구를 통해 동료 또는 다른 연구자peer가 인정해 주는 성과를 낼 수 있는가?'라는 가설을 아직까지는 증명해 보일 수 있다는 만족감일 것이다.

논문의 저자 가이드라인에 대한 생각

연구자로서 뿌듯함을 느끼는 때 중 하나는 연구실적이 완성된 논문으로 출판되었을 때다. 논문에는 몇 가지 구성요소가 있는데 그중 하나로 authorship이 있다. 우리말로 하면 '저자'로서 논문을 완성하는데 누가 기여했는지 알려준다.

논문에는 필히 저자가 있다. 저자란 그 논문이 탄생할 수 있게 기여한 사람(들)이다. 저자로 나열되는 순서를 통해 논문이 만들어지는데 얼마나 기여했는지도 보여주지만 정확히 몇 퍼센트라고 정량적인 값은 알 수 없다. 일반적으로 제1저자(거의 모든 실험을 수행하는 경우가 많음)와 교신저자(연구 논문이 출판되는 것에 대한 최종 책임자)가 가장 크게 기여하는 것은 확실하다. 내가 아는 한 같이 일했던 사람들을 저자로 올리는 여부에 대한 판단도 교신저자에게 있다. 만약 논문이 표절이나 거짓 결과 때문에 문제가 된다면 이는 제1저자뿐 아니라 교신저자에게 큰 책임이 있다. 그러므로 수많은 저자들 중에 가장 의미를 두는 저자는 제1저자와 교신저자이다. 해당 논문의 일등 공신이라고 볼 수 있다.

회사일지라도 연구직에 있다 보면 학술발표뿐 아니라 논문을 쓰게 되는데, 저자에 대한 문제가 종종 발생한다. 누가 어느 자리에 들어가야 하는가에 대한 의견 차이가 생긴다. 서로의 이해관계가 얽히는 일이다 보니 그런 것이다. 그것 때문에 간혹 얼굴을 붉히는 다툼과 논쟁, 어이없는 상황이 생기기도 한다. 예전에 공동 1저자를 약속하고 다른 팀 사람과 논문 작업을 한 적이 있다. 나중에 출판된 내용을 보니 나는 제2저자가 되어 있었다. 그가 약속을 어기고 혼자 1저자를 가져간 것이다.

왜 그럴까? 규칙이 없어서 그렇다. 논문이 어떤 가치를 가지는지, 그리고 논문에서 저자란 어떤 사람인지에 대한 이해가 부족하기 때문이다. 굳이 회사 차원에서 이에 대한 규칙을 세울 필요는 없다. 인사, 승진, 연봉, 징계 등등 회사에서 중요하다고 생각하는 영역에 많은 고민 끝에 세워진 규칙을 생각해 보라. 하지만 논문 저자에 대해서는 규칙이 없으니 사람마다, 시대마다, 팀마다 상황을 다르게 해석하고 적용한다. 가령 논문을 쓰는 도중에 발령이 나서 팀이라도 중간에 바뀌면 이름이 빠지거나 저자 순서가 바뀌기도 한다.

정말로 이 규칙을 제대로 세워보고 싶은 적이 있었다. 나름대로 나만의 규칙을 갖고 논문을 쓸 때 저자 순서와 포함 여부를 결정했는데 가끔은 그 규칙이 상황 논리로 풀리는 경우에 마주치곤 했다. 그래서 누가 시키지도 않았는데 서울대를 비롯한 몇몇 유명 대학에서 논문

저자, authorship에 대한 규정을 스크랩하고 조사를 해본 적이 있다. 내용을 정리하면서 직속 상사에게 필요성을 설득했었다. 적어도 우리 팀에서만은 규칙을 만들어 보는 것이 어떻겠냐고 말이다. 그러나 이런 일들은 회사에서 원하고 '급하고 중요한' 일에서 가장 멀리 떨어진 것이기 때문에 흐지부지되었다. 어쩌면 나도 이 사안을 그렇게 취급한 것이다. 있으면 좋지만 없어도 당장 문제는 안 되니까 하고 생각했다. 처음엔 몰라서 안 하고 후에 알게 되어도 귀찮아서 안 하는 악순환이다.

그때 좀 더 노력해서 규칙을 만들 걸 그랬다. 조금은 불합리 할 수 있어도 규칙이 있는 것이 없는 것보다 낫다. 규칙이 있으면 더 나은 방향으로 고쳐질 수 있는 기회라도 생긴다. 석사 때 처음으로 인건비라는 것을 받아보았는데 너무나도 액수가 적어서 황당했다. 그런 나를 보며 선배는 "일단 받기 시작해야 오를 수 있어"라고 달래 주었다. 처음부터 모든 것이 완벽하게 시작하기란 어렵다. 그래도 미래를 위해서 적절한 운영 방침과 규칙을 꼭 유념해야 한다.

최근 The Cosmetic Chemist 사이트에 기업에서 쓰는 논문과 관련해 authorship을 다룬 글(제목: Authors, Guest Authors, and Ghost Authors: Does it Matter to the Cosmetic Scientist?)을 보고 크게 동감하여 일부 내용을 번역하여 올려본다. (구글번역기의 힘을 일차적으로 빌리고 추후 내가 좀 더 매끄럽게 수정했음을 밝힌다.)

저자 지침authorship guideline은 과학이 과거 위계적이고 비윤리적인 선배나 연구 감독자가 어린 과학자들을 해치는, 이른바 '식민지 시대'의 과학에 존재했던 병을 치료하기 위해 발전했다. 벤치(실험대)에서 힘들게 일하며 기여한 연구자들에 비해 나쁜 선배들은 단지 논문에 이름을 넣기만 하기 때문에, 진짜 저자들은 마치 유령 저자처럼 논문에 대한 그들의 실제 기여도를 선배에게 빼앗기고 말았다. 이런 부패한 관행을 지속시키는 것은 논문의 영향력 지수Impact factor이다. 영향력 지수는 과학적 생산성(성과)을 측정하기 위한 잣대지만 학계에서는 연구 지원금, 산업계에서는 진급이라는 구체적 보상을 받는 데 활용된다(우리 회사에서는 진급과는 상관이 없다). 어떤 분야에서는 논문 작성과 관계없이 실험실이나 연구소의 수석 연구원, 연구 책임자 또는 연구비 지원자를 최종 저자로 넣는 것이 관습이다. 이런 형태는 기업 연구소에서도 마찬가지다. 폐단을 막기 위해 많은 저널은 논문의 모든 저자가 저자 선언authorship declaration에 서명하도록 요구하고 있지만 거짓으로 하는 경우도 있다.

화장품 과학자들이 이 문제에 관심을 가져야 하는 이유는 무엇일까? 우선 우리는 과학 공동체로서의 신뢰를 유지해야 한다. R&D 기관의 신뢰성은 마케팅과 판매를 위한 견고한 기반이다. 제품을 만드는 입장에서 의사나 피부과 의사들에게 화장품 연구에서 과학을 매우 진지하게 대하고 있음에 확신을 주어야 한다. 활성 성분을 개발하고 공급하는 당사자라면 주요 화장품 회사의 R&D 연구자들에게 신뢰를 줘야 한다. 이는 비즈니스 성장을 위해 필수적이다. 기업의 관리자나 상사는 어린 연구자들의 아이디어와 실험 결과를 마치 자신의 것인 양 가져가 클라이언트에게 보여주기도 한다. 사실 중간 관리자의 위치에 도달한 회사의 대변인들은 연구 경험이 없거나 그만둔 지 오래다. 여기서 위험한 점은 연구와 밀접하게 관련이 없는 사람이 제한된 전문 용어를 사용한다거나 문제가 발생했을 때 정확하게 조사 결과를 설명하거나 방어할 수 없다는 것이다.

저자 문제는 조직의 지적 재산권 측면에서도 매우 중요하다. 특허의 유효성은 잘못된 저자 윤리로 인해 쉽게 망가질 수 있다. 단지 비양심적인 것을 떠나 프로젝트의 아이디어를 내거나 실행할 때 실질적인 공헌을 한 저자의 이름을 생략하는 것은 불법이다. 따라서 업계의 모든 과학자들은 출판물과 특허에 대한 저자 지침에 대해 적절한 교육을 받는 것이 중요하다.

좋은 과학이 항상 훌륭한 비즈니스는 아니지만, 나쁜 과학은 나쁜 비즈니스일 수밖에 없다. 기업은 직원들에게 의무적인 윤리 교육을 제공하는 데 막대한 시간과 돈을 소비한다. 그러나 이러한 윤리 교육의 대부분은 공무원에게 뇌물을 제공하지 않기, 고객으로부터 크리스마스 선물을 받지 않기 등이다. 이제는 과학 기술 분야의 윤리 또한 이 교육의 핵심 요소가 되어야 한다.

(출처:http://www.thecosmeticchemist.com/education/career_corner/authors_guest_authors_and_ghost_authors.html)

미래를 보는 눈

최근 동종업계의 세계 1위 기업에서(최근 기술 분야에서) 매우 핫한 '마이크로바이옴' 기술이 적용된 제품을 출시했다. 다른 브랜드나 경쟁 회사에서도 일찌감치 마이크로바이옴이라는 기술을 언급한 제품이 최근 1~2년간 시장에 소개되긴 했었다. 그런데 이번에 출시한 브랜드는 이름값을 하는 고급 브랜드일뿐 아니라 그에 걸맞는 기술적인 홍보를 잘한 덕에 배울 점이 많았다.

워낙 기술과 시장의 변화가 다양하고 빠른 직종에 근무하다 보니 타 회사의 제품개발 동향과 출시에 민감해진다. 연구논문을 쓰다 보면 '스쿱 당했다'(Scooped)는 말을 할 때가 있다. 내가 준비하고 있는 연구의 주제나 내용이 매우 유사한 논문이 세상에 발표되는 것을 말한다. 그러면 다음에 나오는 논문은 '최초'의 타이틀을 빼앗기고 마는 셈이다. 연구라는 것에도 소위 '선빵'이 중요한데 회사에서는 오죽하랴. 특히 기술 첨단 또는 첨병이 되어야 하는 연구원으로서 뒤쳐

지지 않게 어떤 준비가 필요할까 고민이 많다.

인간과 함께 공생하는 미생물을 이해하고자 시작한 과제인 Human Microbiome Project는 2007년부터 시작되었다. 처음에는 발견의 속도가 더디지만 연구 펀드가 늘어나고, 관련된 기술의 발전과 함께 연구자 개인 또는 그룹이 성장하면서 폭발적으로 데이터가 쌓이기 시작한다. 대규모의 기초연구가 어느 정도 완료된 시점이 되면 회사 연구원들은 '응용'을 생각하기 시작한다. 즉 사실(Fact)을 바탕으로 상용화된 기술, 즉 제품에 탑재할 수 있을지 알아보게 된다. 사내 인트라넷을 잠시 뒤져보았다. 역시 기대했던 대로 2015년 즈음부터 인텔리전스(업계 동향, 기술 트렌드의 모니터링 활동)에서 마이크로바이옴이라는 제목과 내용을 찾을 수 있었다. 2015년에 발간된 많은 기사에서도 유망한 미래 10대 기술의 하나로 마이크로바이옴이 소개되곤 했다. 2007년에 시작한 연구가 채 10년이 되지 않아 미래의 핵심 주제로 인정된 것이다.

기술에도 성숙주기라는 것이 있다. 미래를 바꿀 혁신 기술로 주목을 받아 폭발적인 성장을 하지만 실제보다 부풀려진 기대로 인해 한 번쯤은 크게 가라앉는다. 이후 천천히 성숙하면서 일반적인 기술로 남게 되거나 사라진다. 혁신 제품이 되기 위해 반드시 '첨단'기술을 도입해야 하는 것은 아니라고 생각한다. 오히려 적당히 성숙한 기술을 재빨리 도입하거나 이미 사용된 기술도 재해석하면 새로운 것이 되기도 한다(어쩌면 사전적 의미의 혁신이 여기에 더 가까울지도). 물론 첨단의 기술을 적용, 활용한 혁신도 필요하다. 제품 개발에 대한 기술 전략이 섬세하게 운영되어야 하는 이유가 여기에 있다.

그러면 기술개발을 통해 시장에 알맞은 제품을 출시할 적기는 언제일까? 그것은 대체 누가 제시해 주어야 할까? 연구원의 관점에서는 기술을 연구개발하는 것도 있지만 이와 더불어 최신 기술의 발전을 지속적으로 모니터링하면서 제품개발의 시기나 방향에 대한 좋은 인사이트를 찾는 능력을 키울 필요가 있다. 단, 기술 자체에만 관점을 두지 말자. 시장 흐름을 전제에 둔 인사이트가 되어야한다. 어디선가 본 글인데, '좋은 엔지니어는 기술이 아니라 시장에 집중한다'라는 말이 기억에 남는다. 기술에 대한 인사이트를 지속적으로 소통하고 논의하다 보면 진행하고 있는 기술개발의 중요성과 우선순위, 투자의 방향이 달라질 수 있다. 그러면 마케팅 입장에서는 예상하지 못했던 새로운 관점의 제품 기술을 제안 받을 것이다.

그렇다면 인텔리전스 활동을 통해 얻는 '좋은 인사이트'란 무엇이고, 비즈니스에서 의미(가치)를 가지려면 어떻게 해야 할까? 좋은 인사이트는 다음과 같다.

어떤 기술이 얼마나 높은 가치를 가질지, 기존에 없던 새로운 제품일지, 기존 기술과 어떤 차별성을 가지는지, 혁신적이고 파괴적인 기술로 발전할 수 있을지 등을 예측하는 것이다. 말이 예측이지 상상에 가깝다. 객관적 데이터가 중요하고 팩트로 움직여야 하는 연구원이 할 얘기는 아닐지도 모르겠다. 그러나 기업의 연구개발은 때로는 다양한 상상 속에서 더 의미 있게 펼쳐질 수 있다고 점점 깨닫고 있다. 예를 들어 마이크로바이옴 기술은 아직 그 자체로 충분히 무르익지 않았다고 생각한다(개인적인 의견이다). 그러나 시장에서 원하는 기술의 흐름과 성숙도는 전혀 다르다. 고객에게 제시하는 기술의 가치는 연구자의 눈높이와 분명 차이가 있기 때문이다. 앞서 말한 글로벌 회사는 우리보다 더 상상력을 발휘했는지 모른다. 마이크로바이옴 기술이 적용된 제품을 낼 수 있다는 충분한 데이터와 자신감으로 시장에 나올 수 있었다고 생각한다.

마냥 부러워하고 있을 수만은 없다. 다시 현실로 돌아와 할 일을 차근차근 정리해 보자. 우선 기술 트렌드를 잘 모니터링 해야 한다. 기술 센싱, 인텔리전스, 모니터링, 트렌드 왓칭(서칭) 등이 비슷한 말들이다. 이런 활동은 그 자체가 목적이 되어서는 안 된다. 트렌드 속에서 유용한 인사이트를 뽑아내는 것이 필요하다. 남들이 보지 못하는 관점에서 기술개발의 방향과 전략을 잡는 것, 그리고 무엇보다 그것을 지지해주는 의사결정과 과감한 실행력이 필요하다. 미래에 대한 기술 예측이 어렵다는 점은 잘 알면서도 어떻게 하면 좋을지 잠시나마 아름다운 상상을 한 번 해보았다.

글 쓰는 훈련은 회사 생활에도 도움이 된다

흔히 이과생이라고 하면, 또는 연구직이라고 하면 소설보다는 논리적이고 이성적인 책만 좋아할 것이라고 생각한다. 이건 정말 편견일 뿐이다. 주변에 보면 소설 좋아하는 연구자들 많다. 글을 쓰는 행위에 대해서도 비슷한 선입견이 있다. 글은 문과생에게 가능한 영역이라는 생각이다. 혹은 연구개발직에 있는 회사원이 글을 쓰는 것이 왜 필요한가라고 반문할 수 있을 것이다. 글을 쓰면 생각을 정리하는 기회를 갖게 되어 좋다.

생각 정리를 하다 보면 어떨 때는 근거 없는 나만의 주장을 하는 것은 아닌지 싶어 자료를 찾아보게도 된다. 써 놓은 글을 가끔 다시 읽어보면 문장 자체가 맞지 않거나, 논리적 흐름 없이 전개되거나, 감정적인 내용으로만 치닫는 것을 발견하게 된다. 그걸 고쳐가면서 더 객관적이고 설득적인 말과 글을 만드는 훈련을 할 수 있다. 유시민 작가의 말마따나 소설이나 시와 같은 문학작품은 특별한 사람들이 도전할 수 있는 영역이지만, 논리적인 글쓰기는 이 세상 누구나 시작할 수 있고 노력하면 일정 수준 도달할 수 있다.

『대통령의 글쓰기』(강원국 지음)라는 책을 읽었다. 저자는 김대중, 노무현 두 대통령의 연설문을 중심으로 한 일화를 소개하고 있다. 남의 연설문을 대신 써준다는 것이 쉬운 일이 아니다. 더구나 대통령이라는 무거운 직책을 가진 사람을 옆에서 보좌하는 것은 엄청난 부담이다. 오죽하면 저자는 과민성대장증후군까지 얻었을까.

책을 재미있게 읽다 보니 직장인 입장에서도 공감할 수 있는 내용을 많이 찾았다. 내용을 찬찬히 뜯어보니 조직 생활에서 도움이 될 만한 내용이라 생각했다. 그래서 글쓰기 공부가 필요하다는 결론에 이르렀다. 활용처를 생각해 보면 다양하다. 단순하게는 이메일을 쓸 때, 공식적인 회의나 발표 자리에서, 동료들과 미팅할 때 등등. 우리의 모든 생활은 알고 보면 커뮤니케이션 그 자체이기 때문이다.

커뮤니케이션은 남들과 이야기를 나누는 것만을 의미하지 않는다. 상호 소통을 통해 내가 원하는 것 또는 다른 사람이 원하는 것을 주고받는 행위다. 저자가 정리한 노무현 대통령의 글쓰기 지침 중에 도움이 될 만한 것들을 추려 보았다.

굳이 다 말하려고 하지 않고 질문을 던지는 것만으로도 충분하다

리더라면 이 말을 잘 새겨 두어야 할 것이다. 부하직원이라면 리더가 어떤 질문을 던졌을 때 곧이곧대로 받아들이기보다 함축적인 의미를 한 번 더 생각해 보면 좋겠다.

자신 없고 힘이 빠지는 말투는 지양하자

내가 이과생 이어서 그런 건지, 정답 없는 일에 익숙해서인지 '이건 이겁니다'라고 단정 짓는 것을 꺼리는 편이다. 내가 세운 가설이 실험적으로 증명이 된다 해도 특정한 조건에서 부합한 결과이기 때문에 100% 확신이란 없다. 그래서 "이럴 가능성이 높습니다"라는 표현을 많이 사용한다. 남에게 내가 말하려고 하는 정확한 의미를 전달할 때는 자신 스스로 확신이 있어야 함은 분명하다. 확신이 없으면 남들도 다 알아챈다.

쉽고 친근하게 쓰자

어렵고 현학적인 글을 쓰면 글쓴이는 자신의 넓은 식견을 자랑하는 기회가 될지 모르겠지만, 읽는 이에게는 고역일 수 있다. 개인적으로 한글 표현을 좋아한다. '금일'보다는 '오늘', '명일'보다는 '내일', '하기下記에'보다는 '아래에', '상신합니다'보다는 '올립니다' 등. 진짜 그 내용을 잘 이해하고 아는 사람이라면 남들에게 쉽게 전달한다고 배웠다. 다시 말하면 듣는 사람의 눈높이를 맞추란 것이다.

글의 목적이 무엇인지 잘 생각해 보라

보고서 쓸 때 참고하면 좋을 내용이다. 사실을 전달하는 목적이라면 사실만을 담백하게 쓰자. 어떤 주장을 관철 시키고자 하면 확실히 드러나게 전달하자. 분량을 채우려고 필요 없는 표현이나 자료를 군더더기처럼 붙이는 건 지양해야 한다.

짧고 간결하게 쓰라. 군더더기는 글쓰기의 최대 적

이건 글뿐만 아니라 말할 때도 반드시 새겨둘 중요한 가이드이다. 예전에 이메일을 참 길게 쓰던 동료가 있었다. 다들 그의 이메일을 받으면 심호흡부터 하고 열었다. 더 문제는 읽고 나서, 결론이 뭔지 다들 그걸 찾느라 힘들어했다.

수식어는 최대한 줄이자

사적인 메일, 아름다운 표현이 필요한 특정한 상황이 아니라면 비즈니스를 위한 글쓰기는 담백하게 쓰자. 너무 건조한 건 아닌가 하는 생각이 들어도 상관없다.

통계 수치는 글의 신뢰를 높인다

숫자와 데이터. 이들로 인해 내 주장의 신뢰는 올라간다. 그렇다고 임의적으로 데이터를 손대면 안 된다.

상징적이고 압축적인, 머리에 콕 박히는 말을 찾자

이게 참 어렵다. 예전에 어떤 선배는 중요한 발표 자리에서는 간혹 은유적인 표현이 더 적합하기도 하다는 가르침을 주었다. 어려운 기술 개념을 누구나 이해하기 쉬운 비슷한 것으로 전달하려는 노력도 중요하다(기술직끼리의 대화라면 굳이 그럴 필요는 없겠지만).

중요한 것은 앞에 배치하라. 사람들은 뒤를 잘 안 본다

결론부터 내놓는 것이 좋다. 기승전결을 지키기 위해 모든 것을 뒤에 배치하려다가 독자(글) 또는 청자(발표)의 집중도만 떨어뜨린다. 내가 말하고 싶은 건 확실하게 전달하는 것이 필요하다.

평소에 사용하는 말을 쓸 것('영토'보다는 '땅', '식사'보다는 '밥')
위에서 말한 '쉽고 친근하게 쓰자'와 비슷한 내용이다.

회의 자리에서 이 말 했다, 저 말 했다 하는 사람이 있다. 어렵고 현학적인 얘기로 대체 뭘 말하는 건지 알 수 없는 경우도 있다. 너무 압축되거나 때로는 중의적인 의미로 의견을 내는 임원도 만나 보았다. 일을 하라는 건지, 말라는 건지 정확하게 그 의미가 전달되지 않았다. 발표할 때도 나의 연구 개발 내용을 쉽게 전달하는 노력을 계속하는 것이 필요하다. 내가 하고 싶은 연구가 있다면 왜 필요한지 한 문장으로 요약해서 설명할 수 있어야 한다. 나도 비슷했고, 주변에 그렇지 못한 경우를 많이 보아왔다. 보다 의식적으로 글을 쓰기 위한 노력을 한다면 회사에서 더 좋은 성장의 밑거름이 되리라 믿는다.

연구직 주재원 생활은 어때요?

    회사를 다니면서 가질 수 있는 몇 개의 기회 중 하나로 해외 주재원을 서슴없이 꼽을 수 있다. 자리는 한정되고, 보통 3~4년에 한 번씩, 길게는 5~6년에 겨우 한두 개의 자리가 나는 귀한(?) 보직이다. 그래서 기회만 된다면 다들 한 번 정도 꿈꿔보는 자리이기도 하다. 한국과 비교해서 생활환경, 치안, 나라의 발전 정도 등의 선호도에 따라 원하는 또는 원하지 않는 국가의 주재원이 될 수도 있다. 우리 회사의 경우 가장 중요한 비즈니스 상대인 중국을 비롯한 미국과 유럽, 일본 등에 연구원 자격으로 지원 가능한 주재원 자리가 있다. 그리고 내가 현재 근무하는 싱가포르에도 주재원 기회가 있다.

    박사 과정 중 미국에서 1년 정도 살아 본 경험이 있어 해외 생활에 대한 막연한 환상은 거의 없었다(게다가 그 해는 911테러가 있었던 2001년이라 미국이란 나라에서 외국인으로 사는 것에 대한 흔하지 않은 경험을 해 볼 수 있었다). 언어에 대한 부담은 개인차가 있으리라 생각되지만 주재원에 지원할 생각을 갖고 있다면, 내부적으로 요구하는 어학성적 수준을 준비해 두었으리라 본다.

나는 조금 특이한 케이스라서 그걸 바탕으로 이야기를 풀어볼까 한다. 처음에 발령받을 때는 1년 단기 파견이었다. 주재원에는 다른 팀장님이 이미 있었고, 내가 파견된 포지션은 1년 정도 글로벌 연구 업무를 수행하면서 경험을 쌓는 목적으로 운영되는 것이었다. 1년의 기간이란 무척 짧다. 적응하는데 1~2개월, 다시 한국으로 복귀를 준비하는데 1~2개월 하고 나면 제대로 일할 수 있는 기간은 부족하다. 다만 1년이라도 가고 싶었던 이유는 현지에서 나를 필요로 하기도 했고, 현업에서 10년 넘게 일에 치이다 보니 약간의 리프레시가 필요하단 바람이 있었다. 물론 예전에 주재원 기회를 놓쳤었던 개인적인 아쉬움도 있다. 가족들이 흔쾌히 동의를 해주었기 때문에 부담 없이 지원할 수 있었다.

사람 일은 참 알 수가 없다. 어쩌다 보니 1년 단기 파견에서 추가로 2년 주재원이라는 자리로 바뀌어 현재 3년 차 해외 근무를 하고 있다. 주재원이 되니 무엇보다 회사에서 보상 체계가 많이 다르다. 단기 파견은 당사자 1인(개인)을 기준으로 프로그램이 구성되어 가족에 대한 지원사항이 거의 없는 반면, 주재원은 보다 가족 중심의 케어를 해준다. 어느 회사나 비슷하겠지만 한국에서의 생활을 유지하는 수준으로 지원이 이뤄진다. 현지 물가를 고려해서 생활 보조와 하우징(해외는 거의 월세 시스템이므로)에 대한 지원도 좋은 편이다.

아, 학비 지원도 빼먹을 수 없다. 그래서 주재원이 되면 '가족이 행복한' 생활을 통해 가장으로서 보람을 느끼게 된다. 그 외 아이가 외국어를 배울 수 있다는 점이나 해외 생활을 통해 다양한 경험을 쌓는 등의 것들은 흔한 얘기니까 넘어가자.

해외 근무지는 한국의 큰 본사를 축소해서 옮겨 놓은 형태다. 연구소에서만 근무할 때는 만나기 어려웠던 다른 부서의 일과 동료들을 알게 된다는 장점도 크다. 이처럼 사내 네트워크를 넓힐 기회가 된다. 다른 부서의 이슈와 고민, 글로벌 판매 상황 등에 대한 이해와 지식이 생겨 업무 시야가 넓어지는 것은 덤이다. 이런 부분들은 주재원이 되면 경험할 수 있는 큰 장점이다.

좋은 점이 있으니 단점에 대해서도 말해 본다

많은 연구 자원(인력과 장비, 돈)은 당연히 본사 연구소에 집중되어 있다. 글로벌 연구소의 역할은 직접 연구를 수행하기보다는 주로 전달자 또는 메신저 역할을 하게 된다(이것은 회사마다 글로벌 연구직 운영에 대한 상황과 방침이 달라 일반화시킬 수 없다). 많은 경우 한국에 있는 본사 결정을 요청해서 기다리는 입장이 된다. 주도적인 업무 운영에 제한을 받을 수밖에 없다.

글로벌 연구에 대한 흔한 착각 중의 하나는 다음과 같은 질문에서 찾을 수 있다.

"한국에 없는 거기서만 할 수 있는 새로운 기술·연구가 있을까요?"

기술의 발전이 워낙 빠르기도 하고 일정 수준 이상의 연구자들이 모이면 하는 일은 거의 비슷하다. 사람의 생각 역시 크게 다르지 않아 한국에서 하는 연구와 싱가포르에서 하는 연구의 주제가 다를 바 없다. 싱가포르가 바이오산업에 대한 관심과 투자를 지속적으로 해온 결과, 해외 유명 석학들을 초빙해서 연구 수준을 끌어올린 것은 맞다. 그러나 경험해 보니 어느 정도 광고를 잘해왔다는 느낌을 지울 수 없다. 이 얘기를 하는 이유는, 결국 이런 연구, 저런 기술 찾아서 한국에 소개를 해도 돌아오는 답변이 "한국에도 비슷한 연구자나 그룹이 있네요(그래서 미안하지만 안 할게요)"라는 것이었기 때문이다. 이런 일이 반복되니 선뜻 무언가를 소개하기가 무척 망설여졌다. 어차피 안 좋은 피드백만 주겠지라는 패배적인 생각도 들었다. 학습된 무기력이란 말이 얼마나 무서운지 잘 알게 되었다.

무기력하게 계속 있을 수만은 없는 법 아닌가. 이것을 돌파하는 방법은 설득력 있는 방안을 제시하는 것이다. 모든 일에는 적절한 명분이 필요하다. 그렇게 몇 건의 연구 기회를 만들어서 진행도 했었다. 내부설득을 위한 명분을 잘 마련하려면 어떻게, 어떤 방식으로 접근해야 하는지 배운 것도 주재원 생활에서 얻은 유용한 팁이다.

개인적으로 가장 우려스러운 점은 연구직으로서의 경력 단절이다. 회사에서 일하는데 무슨 경력 단절을 걱정하냐고 생각할 것이다. 앞서 말한 것처럼 1년 단기로 처음 싱가포르 땅을 밟을 때는 적어도 나의 이력 관리에서 오히려 득이 된다고 보았다. 물론 내가 자리를 비운 사이에 어떤 기회가 왔을 때(새로운 팀이 생긴다거나 역할을 찾을 때), 한국에 있는 다른 대체 인력을 차출한다는 점이 살짝 부담으로 다가왔다. 굳이 해외로 발령낸 사람을 특별한 이유 없이(진짜 이 사람 아니면 안 된다는 강력한 요청이 없다면) 다시 불러들일 명분이 없다.

그 기간이 이제 2년, 3년이 되다 보니 한국으로 복귀했을 때 과연 '내 자리는 어디일까?'를 고민하지 않을 수 없다. 나이가 적은 것도 아니고 경력도 많다. 싱가포르에서 일을 잘 꾸려서 돌아가는 것이 맞는지, 아예 없던 시간처럼 다 버리고 새로운 포지션을 탐색하는 것이 맞는지 잘 모르겠다. 내가 없는 그 시간 동안 조직에는 크고 작은 변화가 있었고 역할은 조정되었다. 내 후배였던 사람들이 과거에 내가 하던 역할을 맡고 있다. 복귀하는 인력이 굴러온 돌처럼 보이는 것이다. 해외 주재원을 마치고 복귀한 선배들이 사내에서 확실한 자리매김을 하지 못하는 것을 많이 보아 왔기에 더더욱 걱정이 앞선다.

싱가포르에서 지인을 통해 알게 된 한국의 모 제약회사의 파견자 이야기가 생각났다. 그분이 파견될 때만 해도 일을 적극적으로 추진하던 연구소 임원이 있었다고 했다. 얼마 지나지 않아 그 임원이 본사로 발령 났다. 그러자 여기에서 벌어지는 일에 대해 관심이 뚝 떨어지고 적당히 마무리하고 돌아오는 것은 어떠냐는 말까지 들었다고 한다. 1년이든 그 이상의 시간이든 누군가의 소중한 연구 경력이 갑자기 망가질 수 있는 위험성은 분명 있다.

얼마 전 해외 연구소 주재원 자리 2개가 동시에 공모되었다. 궁금해서 나중에 물어보니 경쟁률이 상당히 높았다고 한다. 여전히 해외 근무, 주재원에 대한 기대와 알게 모르게 환상이 있는 듯하다. 어쩌면 새로운 기회를 찾고 싶은 마음, 한국에서 매너리즘에 빠진 근무 환경을 적극적으로 바꾸고 싶은 사람들이 늘어난 것일지도 모른다. 해외 근무를 하고 싶은 개인적인 이유도 있을 것이다. 지원자들의 사정을 정확히 모르면서 뭐라 말하기는 어렵다. 다만 한국을 떠나 해외 연구소에서 근무가 가진 한계에 대해 조금 더 이해하고 나오면 좋겠다는 바람이 있다.

주재원으로 나온 이후에 대해서는 생각해 보지 않았다고 배수의 진을 치고 나온 팀장님의 말이 생각난다. 주재원이 회사에서 당신의 마지막 커리어일지도 모른다는 것이다. 그의 말이 갖는 의미에 공감한다. 보통 주재원은 경력과 경험이 풍부한 사람을 내보는 것이 일반적이다. 대부분 매니징에 관련된 일이 많다 보니 일 처리를 더 잘 할 수 있으리라 판단했기 때문이다. 회사 입장에서 당연한 선택이다. 그러나 개인의 관점에서 보면 어린 나이와 낮은 연차에 주재원을 근무하고 다시 복귀하는 것이 경력 관리에는 더 낫지 않은가 하는 생각도 해 본다. 연구직이라면 더더욱 주재원 이후의 경력에 대한 고민을 많이 했으면 하는 바람이다.

5장

연구개발의
숙명_혁신에 대한 생각

혁신의 굴레

어느 날, 새롭게 부임한 소장님이 몇 명을 부르셨다. 그는 들뜬 목소리로 다음과 같이 물었다.

"그동안 혁신적이었던 제품의 개발 프로세스를 분석해 보면 어떤 요인들이 혁신제품을 탄생하게 한 것인지 알 수 있지 않겠어?"

우리 회사의 제품들 중 혁신적이었던(이라고 쓰고 잘 팔린 제품이라고 읽는다) 제품의 개발과정을 분석해 보자는 말씀이었다. 분명 여기에 답이 있을 것이라고. 아쉽게도(?) 이 일은 실행되지 않았다. 누가 반대를 했는지 아니면 당신 스스로 안 하기로 결정했는지 자세한 내막은 모른다. 흥분된 목소리로 말씀하시던 소장님 얘기를 듣던 당시에도 큰 의미가 없는 일을 왜 하려 하나 싶었고, 몇 년이 지난 지금도 혁신 사례의 개발 프로세스 분석을 하지 않았던 것을 다행이라고 생각한다. 만약 과거 혁신제품의 개발 과정을 요리조리 뜯어본 후 일련의 프로세스로 만들고, 앞으로 개발하는 제품을 그 틀에 맞추었다면 과연 혁신제품이 탄생했을까? 역사에서 만약이란 가정은 필요 없다고 하지만, 난 99.99999% 실패했을 것이라고 본다.

베스트셀러와 혁신제품은 동일한 의미가 아니다

얼마 전 회사의 역사를 전시한 공간에 다녀왔다. 가장 흥미로운 곳은 그동안 출시했던 제품들을 모아 보여주는 곳이었다. 우리 회사 제품은 잘 안다고 생각했었는데 막상 접하니 감회가 새로웠다. '이런 것도?'라는 생각이 들 만큼 다양하고 인상적인 제품들이 많아 즐거운 관람을 이어갔다. 여기저기 보던 중 말로만 전해지던 전설의 제품들을 만났다. '시대를 잘못 태어난' 제품도 있었다. 예시를 들고 싶지만 그 제품을 개발했던 분들께 실례가 될까 조심스러워 상세한 제품 이름과 특징을 얘기할 수는 없다. 지금 봐도 분명 기술로는 혁신적이었지만 시장에서 고객들에게 사랑을 받지 못했던 이유는 뭘까?

혁신적인 기술로 만들어진 제품이라도 고객에게 선택받는 것은 전혀 다른 문제라고 생각한다. 안타깝지만 기술 혁신이 반드시 고객의 사랑(판매)으로 연결되지는 않는 것 같다. 기술 혁신은 말 그대로 기술적인 부분에서 기존의 유사 제품과는 다른 가치를 제공하는 것이다. 기술은 한 세대 또는 두 세대를 뛰어넘은 엄청난 혁신이 담겨 있다 해도, 시장과 고객이 수용할 수 없는 경우엔 저주받은 제품 그 이상도 이하도 아닌 결과로 나올 것이다. 때로는 출시 이후에 한동안 관심도 없다가 어느 계기를 통해 시장에서 잘 팔리는 제품이 되니 기술의 혁신성을 인정받는 경우도 있었다. 그러니 참 혁신기술과 혁신 제품 사이의 상관관계를 어떻게 설명할 수 있는지 여전히 의문투성이다. 간혹 기술 혁신의 가치는 일부 마니아층의 전유물이 되기도 한다. 지금과 달리 한 때 애플도 매니악maniac한 기술 혁신의 대명사였다. 상당히 제한적인 마니아층이나 특정한 고객군을 통해 입소문을 타던 제품들이 대중적으로 널리 퍼지는 경우도 있다. 실제로 아주 작은 타깃 고객군을 상대로 하는 틈새시장Niche market을 노린 기획 제품의 사례도 종종 있다. 혁신 제품으로서의 가능성을 탐색하기 위해 의도적인 접근을 하는 셈이다.

혁신이 일어나는 환경이란?

혁신제품의 개발 과정은 잘 짜인 일련의 프로세스가 아니라는 생각은 변함이 없다. 적어도 어떤 환경이 혁신을 일으키는 데 도움이 될까 하는 물음을 해보곤 했다. 오래된 이 질문에 대한 답의 일부가 스티브 존슨의 『탁월한 아이디어는 어디서 오는가』에 소개되고 있다.

사실 혁신의 굴레라는 제목의 글을 준비하면서 몇 번이고 쓰다가 멈추었다. 내 생각과 경험만으로는 이 글을 마무리할 수 없었기 때문이다. 마침 작년에 회사로부터 받았던 이 책을 읽으면서 마무리할 수 없던 이유를 생각하게 되었다. 이런 책을 만날 수 있다는 건 고마운 일이다. 책의 핵심은 명확했다. 보통의 혁신에 관한 다양한 조언들과 다를 바 없다. 혁신이 일어나려면 다양한 생각들이 모여서 충돌할 수 있어야 한다(조직이라면 그런 환경을 갖추도록 해야 할 것이다). 모더니즘의 급격한 성장 이유를 시인, 화가, 건축가들의 이 문화 교류에서 찾는 것처럼 말이다. 이 책에서는 언급되고 있지 않지만 메디치가를 중심으로 르네상스 시대가 열렸던 것도 다양한 생각의 교류와 충돌 속에서 피어난 결과물이다.

그런 맥락에서 살펴보면 유사 전공자들이 한 팀에 모여있는, 마치 순혈주의 같은 집단은 한계를 갖는다. 어떤 특정 기술의 깊이 있는 진화는 가능할지 몰라도 전혀 새로운 혁신의 기회 요소를 찾는 것은 쉬운 일이 아니다. 왜냐하면 이들은 가끔 이상해 보이는 결과를 늘 같은 기준으로 판단한다. 즉 새로움의 시작이 될 수 있는 이상한 결과인 신호를 단순한 잡음으로 받아들일 것이기 때문이다. 잡음은 데이터로서의 가치가 없다고 판단하니까 버려진다. 정해진 답이 나와야지 실험을 잘했다고 믿는다. 이 책에서는 그 예로 좋은 아이디어는 일정한 양의 잡음이나 실수를 포함하는 환경에서 나타날 가능성이 높다는 의도적 실험 결과를 제시하였다. 누구나 찬성할 만한 일에도 일부러 반대 의견을 던지는 악역을 넣는 것과 같이 일부러 장치를 마련할 필요도 있다.

다른 전공자가 섞이면 새로운 기회가 창출되는가

실제로 회사에서 이런 노력들을 무척 많이 하고 있다. 가능한 모든 활동을 해본 것 같다. 인트라넷을 통해, 때로는 공개적인 발표회를 통해, 어떤 때는 집단 지성의 모토 아래 조별 활동을 통해 등등 새로운 생각의 충돌을 전제로 다양성을 접할 기회가 많았다. 인트라넷에서의 활동은 매우 제한적이었다. 사이트에 접속하는 사람도 적고,

다른 사람의 아이디어에 부연이나 가치 확장을 시키는 경우가 적었다. 그 이유 중 하나로는 실명으로 생각과 고민을 남 앞에 공개하는 부담이 꽤 크다는 얘기를 들었다. 반면 오프라인 발표회에선 보다 활발한 아이디어와 논의가 오고 갔다. 당장이라도 무언가 이룰 수 있을 것 같았다. 다만 미팅이 끝나면 후속 작업이 없었다. 집단 지성은 꽤 흥미로운 접근이긴 했으나 별로 효율적이지 않았다. 다 같이 모여 서로 다른 얘기만 하거나, 열 명이 모이면 한두 명을 제외하곤 아예 관심이 없었다.

혁신을 위해 '강요된 환경이나 시스템'은 초기 혁신문화 정착이라는 미명 하에 당위성을 부여받을 수 있다. 시스템이 지속가능한 생명을 얻어 조직의 문화로 자리 잡기 위해서는 스스로 자생할 수 있도록 도와주는 운영의 묘가 반드시 필요하다. 가능성 있는 생각들을 잘 정리하고 연결하는 세련됨, 타인의 의견을 적극적으로 받아들이고자 하는 마인드와 같은 소프트웨어의 역할이 필수적이다. 단순히 섞여 있는 것만으로는 충분하지 않다. 정보가 흐르는 것만으로는 안 된다. 누군가 정보에 관심을 갖고 있어야 하며, 어떤 의미가 있는지에 대해 자발적으로 고민하는 단계가 반드시 필요하다. 때로는 그 고민을 예전부터 오랫동안 해온 전혀 다른 관점(전공)의 전문가가 등장하면 더더욱 좋다. 그렇지 않고서는 좋은 아이디어란 단지 하늘에 가만히 떠 있는 구름과도 같다. 서로 다른 성질을 가진 구름이 만나 비를 내리거나 천둥이 치는 상황이 펼쳐질 때, 혁신의 시발점이 나타날 것이다.

비즈니스의 본질

책『심플을 생각한다』는 모바일 메신저 LINE 서비스를 만든 회사의 CEO였던 모리카와 아키라가 들려주는 경영, 회사, 비즈니스에 대한 생각들을 담고 있다. 여러 가지 주제에 대한 얘기를 하고는 있지만 전체를 관통하는 아이디어 역시 책 제목처럼 심플하다. '본질'에 집중해야 성공할 수 있다는 것이다. 물론 제목에서 말하는 심플이란 문자 그대로 간단한 문제는 아니다. 저자 역시 경영자로서 많은 고민과 시도를 해봤다. 다양한 경험의 결론은 복잡한 시스템과 프로세스, 체계보다는 사업의 본질에 더 충실해야 한다는 것이다.

혁신에 대해서 저자는 '혁신이란 시스템에서 오는 것이 아니라 사람이 창출하는 것'이라고 말한다. 그래서 관리하려고 하면 더더욱 혁신에서는 멀어진다고 주장한다. 또한 계획과 일정을 세우는 사람들에게 권한이 주어지면 혁신보다는 오로지 일정 관리만 목표로 하기 때문에 품질은 떨어질 수밖에 없다고 한다. 내가 생각하는 KPI 관리의 맹점과 맞닿아 있다.

조직이 커질수록 자꾸 관리하려고 한다. 나는 현대 경영에 대한 공부를 한 적은 없다. 한 번 가만히 회사가 돌아가는 모습을 바라보았다. 아마도 현대 경영의 핵심 이론은 분명 조직 관리에 방점을 찍는 것 같다. 비단 마케팅, 영업 같은 기능의 부서에만 적용되지 않는다. 연구소 역시 경영과 관리 관점에서 전략, 로드맵, 미래의 계획 등에 많은 공을 들이고 있다. 한때는 전략이 가장 핵심이라고 생각해 왔다. 전략적 조직 운영에 대해서도 일을 해본 경험이 있다. 전략을 잘 짜서 관리하면 기본은 할 것이다. 혁신 제품과 서비스는 어떨까? 글쎄, 잘 짜여진 프로세스를 통과한 매끈하고 아름다운 제품은 나올지 몰라도, 조금은 덜 다듬어졌지만 새로운 가치를 가진 혁신 제품을 발견할 기회는 줄어들 것이다.

따라서 비즈니스에서 성공하기 위한 본질이 무엇인가를 다시 생각해 볼 필요가 있다. 각자의 위치에서 생각하는 본질의 정의도 상대적일 수밖에 없다. 경영 관점에서는 체계적 관리가 본질이라고 생각할 것이다. 하지만 자세히 들여다보자. 무엇이 기업의 생존을 위해 진짜 필요한 것인가? 과거에는 공산품의 균일한 질적 관리가 중요했다. 식스시그마 활동이 대표적인 예시다. 고른 품질에서 약간의 개선이 핵심이던 시절에는 체계적인 관리의 논리가 통할 수 있었는지 몰라도, 지금처럼 새로운 가치 제공이 중요한 시대에는 잘 맞지 않는다. 이는 일하는 방식의 변화가 필요하다는 뜻이다. 경영, 조직 운영도 달라져야 한다.

얼마 전 미국 출장을 다녀왔다. 그동안 관행적으로 보고서는 파워포인트로 만들었었는데, 이번에는 출장 보고서를 워드 파일로 올렸다. 최근에 현대카드에서 파워포인트 보고서를 없앴다는 말을 듣고 생각해 보았다. 보고의 본질이 무엇인가? 나도 한때는 예쁘고 보기 좋은 보고서가 중요하다고 생각했었다. 파워포인트 작성하는 데 실제로 많은 신경을 썼었다. 몇 년 전에 만들었던 파워포인트 보고서를 다시 들춰보았다. 당시 무척 공들여서 만든 보고서였는데 보기는 좋았지만 정작 중요한 내용이 무엇인지 잘 알 수가 없었다. 내 보고서의 고객은 누구이고 그걸 소비하는 사람에게 필요한 내용을 가장 잘 전달하는 방법(본질)은 무엇인가? 나만 알아볼 수 있게 간단히 정리된 파워포인트가 아니라, 불특정 다수에게 읽힐 수 있는 최적의 포맷이 워드라고 결론을 내렸다. 글을 쓰면 요점 정리보다는 맥락을 전달하는 데 효과적이다. 게다가 파워포인트는 형식을 맞추기 위해 필요 없는 고민과 수고가 들어가는 경우가 다반사다. 과감하게 워드로 올리고 나니 동료들의 평이 좋다. 다른 보고서들 보다 읽고 이해하기에는 더 좋다는 것이다. 이런 나의 활동과는 별개로 지금은 회사의 공식 보고서가 워드 형태로 바뀌었다.

다시 책으로 돌아오면, 조금 과격한 내용들도 있다. 예를 들어 '비전과 계획 같은 것을 수립할 필요가 없다', '연공서열을 없애고 경영이념은 명문화하지 않는다' 등이 그렇다. 저자가 전하고자 하는 바는 잘 알겠지만 결과적으로 성공했기 때문에 의미 있는 시도로 해석할 수 있지 않나 싶다. 모든 성공 신화가 그렇듯 결과론적인 한계가 있다는 의심도 들었다. 그러나 무엇보다 고여있지 않고 치열하게 항상 변하려고 노력했기 때문에(기존의 성공방식을 과감히 떨치는 용기) 성공할 수 있지 않았나 하는 경외감도 가져 본다.

내부 고객이란 말을 버리자

가내 수공업이 아닌 이상, 일이라는 건 조직 안에서 누군가와 함께 할 수밖에 없다. 최종적인 제품과 서비스가 탄생하기까지 내부에서 수많은 조율과 협력이 필요하다. 가치 사슬Value chain이 형성되고 누군가는 제일 앞에 선다. 어느 팀은 다른 팀의 업무 내용을 받아서 진행해야 한다. 독립적으로 또는 독자적으로 움직이긴 어렵다. 특히 어느 수준 이상의 규모가 되면 서로 얽히기 마련이다.

우리는 흔히 내부 고객이라는 말을 쓴다. 내 일의 결과물이 다른 팀에게 영향을 주기 때문에 상대 팀을 고객으로 생각하란 뜻이다. 때로는 "내부 고객의 VOC(Voice of Customer)를 들어라", "연말 평가의 대상자에 내부 고객을 포함하자"라는 말도 서슴없이 한다. 그러나 내부 고객의 말이나 의견이 제품을 사용하는 최종 고객을 반드시 대변하는 것은 아니다. 영업은 영업의 입장에서 자기가 팔아야 할 제품에 필요한 내용을 원하고, 마케터는 마케터대로 포인트를 잡기 원하며, 제품개발자는 기술 관점에서 일을 만들어간다. 그런데도 내부 고객을 중요하게 대하라는 이유는 무엇일까? 내부 고객은 공급자와 수혜자 관점에서 보면 수혜자에 해당하고, 수혜자가 원하는 것을 제공하는 것이 미덕이라는 전제가 있기 때문이다. 만약 수혜자가 원하는 것을 주지 않았을 때는 어떻게 되는가? 제품이 잘 팔린다면 아무 문제가 없겠지만(너희가 도움 주지 않아도 우리가 잘해서 그런 거야!), 문제가 있을 경우 공급자의 공급이 부족하거나 모자랐기 때문이라는 비난을 받기 십상이다. 그러다 보니 일단 필요하다고 하는 말은 들어주는 편이 좋다는 분위기가 형성된다. 욕먹을 일은 만들지 말자는 상황이 되는 셈이다.

내부 고객이라는 말은 적당한가? 나 역시 당연하게 써온 표현들이다. 이제는 생각을 조금 달리해 본다. 내부 고객의 만족도, 내부 고객의 VOC 등 이런 말들이 일의 본질을 흐리는 건 아닌가 싶다. 어떻게 정의하느냐에 따라 다르겠지만 고객이란 단어가 문득 설득적이지 않게 다가왔다. 회사 안에서도 부서 간에 갑을 관계가 있다고 말하곤 한다. 어쩌면 내부 고객이란 용어를 사용하게 되면서 갑·을 관계가 알지도 못하는 사이에 형성되거나 또는 강화되는 것은 아닐는지. 무엇보다 갑·을 관계와 같은 자조적인 농담이야말로 본질을 흐리고 혁신을 위한 생산적인 생각을 막는 요소이다.

우리는 협력자이자 조력자여야 한다. 수혜자의 입장에서 원하는 것이 있을 때 공급자가 그 일을 잘 할 수 있도록 수혜자도 협력하는 모습을 보여야 한다. 언제까지 내놓으라고 닦달만 하지 말자. 필요하다고 아이처럼 조르기만 할 것이 아니라, 함께 찾아볼 생각은 왜 하지 않는 것일까. 기술이 어렵다고 거부하지 말고 이해하기 위한 노력의 시간을 기꺼이 갖도록 하자. 같은 조직, 회사 안에서 갑을 관계란 없어야 한다. 공급자 역시 내가 하는 일이 무엇 때문인지 잘 돌아보아야 한다. '내부 고객'을 만족시키기 위한 일을 하는 것이 아니다. 우리는 가치 사슬에서 상호 관계이며 대등한 관계다. 그걸 망각하는 순간, 본질은 흐려지고 합당한 목표는 갈 길을 잃는다.

규정 vs 생산성

최근에 아이패드 프로를 구매했다. 애플펜슬을 이용해서 회의할 때 노트하고, 이메일도 즉시 확인한다. 논문 보기에도 참 좋다. 새삼 편하기 그지없다. 그러다 요 며칠 갑자기 사내 와이파이망에 접속이 잘 안 되었다. 와이파이가 잡히면 등록되지 않은 기기이므로 보안 프로그램을 설치하라는 메시지가 뜬다. 셀룰러 모델이라 다행이지, 와이파이 모델이었으면 기능을 제대로 쓰지 못하는 셈이다. 전산 담당에게 문의하니 IP를 잘못 인식해서 태블릿(모바일 기기)이 아닌 노트북으로 오인하는 경우가 있다고 한다.

5~6년 전만 해도 회사에 개인적으로 맥북을 들고 다녔다. 정식으로 주는 기기는 윈도 전용의 노트북이지만 맥을 쓰는 게 좋았다. 실제로 논문 관리나 글 쓰는 애플리케이션 등에서 완성도, UX(user experience), UI(user interface) 등에 차이가 있다. 맥북을 쓰던 당시 적어

도 개인적으로는 생산성이 더 좋았다고 느낀다. 필요한 기술에 대한 논문도 많이 읽고, 내 논문도 쓸 수 있었고, 다양한 생각들도 많이 할 수 있었다. 컴퓨터 하나로 그게 달라질 수 있느냐고 의아하게 생각할 수 있다. 사실 맥 노트북이 핵심이 아니라, 하드웨어를 움직이는 운영체제와 그에 호환되는 애플리케이션 때문에 차이가 나는 것이라고 본다. 이른바 플랫폼의 차이에서 오는 결과라고 해야 하나. 하지만 어느 날부터 더 이상 맥북을 쓰지 못하게 되었다. 사내 보안프로그램이 윈도우 프로그램에만 한정적으로 적용되었기 때문에 내 맥북에는 설치가 불가능했다. 그 결과로 인해 사내 네트워크를 이용하기 어려웠다. 맥을 위한 전용 프로그램을 개발해서 설치해 줄 수는 없었을까? 보안 담당자로서는 그럴 이유가 없다. 보안의 이슈로 통일성 있고, 편하고, 쉬운 방법을 택하면 된다.

물론 이해는 된다. 회사에서 정보의 유출이란 끔찍한 재앙이고 반드시 철저한 관리가 필요하다는 건 동감한다. 동감하면서도 나는 당시 좌절감을 느꼈다. 개인의 다양성보다는 통제와 규제가 더 우선이라는 사실을 깨달았기 때문이다. 이후 사내 보안 정책은 더 강화되어갔다. 이제 사무 공간에 들어오면 전화기의 카메라도 작동을 멈춘다. 위치 기반으로 앱 권한이 사라진다. 놀라운 세상이다.

어떤 것이 더 일하기 좋은 상황일까?

요즘 보고 있는 책에서 재미있는 실험 결과가 있어 소개한다. 어떤 사무 공간이 직원들의 생산성 향상에 도움이 되는지를 확인하는 실험이다. 당연하겠지만 너무나도 완벽하게 정리된 사무실은 근무자에게 압박감을 주어 생산성을 떨어뜨린다. 일을 하는 사무실이 아니라 전시장 같아서 마음의 여유가 없는 것이다. 이 답답한 공간에 약간 장식 요소(사진, 화분 등)를 더하면 어떨까? 앞선 사무실보다는 업무 성과가 높아졌다. 사람들의 만족도도 높았다. 심리적 긴장과 분위기가 이렇게 중요하다.

사실 더 흥미로운 결과가 있다. 가장 생산성이 높았던 사무실은 근무자 스스로 그 공간을 꾸밀 수 있도록 만든 경우였다. 사진과 화분 등의 요소는 그대로 제시하되, 다른 누군가가 이미 배치해 놓은 것이 아니라 그 사무실을 쓰는 구성원에게 꾸미는 자유를 주었을 때였다.

그렇다면 가장 최악의 사무 공간은? 일단 스스로 꾸밀 수 있게 해준다. 여기까지는 같다. 그런데 시간이 지나면 실험자가 원래 장식이 있던 위치 그대로 돌려놓는 것이다. 자율권을 박탈당한 사무실에서 피실험자는 사기를 잃었다. 일의 능률은 당연히 떨어졌다.

관리나 보안 무용론을 말하고자 하는 것이 아니다. 관리라는 것은 '관리자' 입장에서 설계되고 구현되기 쉽다. 어떤 행위를 하지 말아야 할 이유는 너무나 많다. 어떤 것도 이유가 될 수 있다. 해서는 안 될 것을 강제하는 항목을 규율로 정해서 체크리스트를 만들고 시행한 시점의 전과 후를 비교했을 때, 업무 생산성의 차이가 얼마나 날까? 예상하건대, 시행 후 효율성은 늘어날지 모르지만 생산성은 반비례하거나 악영향을 줄 것이라는 직관적인 결론을 내본다.

더 큰 문제는 근무자로부터 느끼는 자율권을 빼앗는 환경과 분위기를 조성하는 것이다. 너무 순진하게 생각하는지 몰라도 보안 지침은 개인의 자정 능력에 의지해도 충분하다고 믿는다. 사진을 찍지 못하게 만드는 것이 아니라 찍어서는 안 되는 이유를 납득시키는 것이 더 바람직하지 않은가. 안되니까, 정책이 그러니까, 원래 그런 것이어서 등등의 합리화로 가능성은 접히고 어쩔 수 없이 통제된 상황에 적응한다. 프로세스는 복잡해지고 의사결정은 늘어진다. 이런 과정이 고착화되면 가능성에 대한 방안을 고민하기보다 해서는 안 될 것을 지키는 문화를 형성한다. 어차피 안 될 것이니까 무력함에 빠지기 쉽다.

규칙을 순종적으로 따르면서 지켜야 하는 사내 문화와 분위기 속에서 기존에 없는 의외성을 가진 혁신이 가능할까? 가능성은 있겠지만 탄생의 기회는 현저히 줄어들 것이다. 보기 좋은 떡이 먹기는 좋을지 몰라도 맛이 있는지는 모를 일이다.

성과 관리를 다시 생각하다_지속가능한 조직이 되려면

2017년이 시작된 지 벌써 3개월이 지났다. 1년을 3개월 단위로 끊는 분기로 생각하면 1/4이 마무리된 것이다. 시간의 흐름이 참 빠르게 다가온다. 어제는 본사에 근무하는 동기와 함께 저녁을 하며 이런저런 얘기를 나눴다. 예년에 비해 사업 상황이 그리 좋지 않아 예산에 관한 얘기를 잠깐 했다. 오늘은 그 만남에서 파생된 생각들을 정리해 본다.

성과란 무엇일까? 목표로 하는 판매액을 (초과) 달성하거나, 개발하려던 기술개발에 성공하거나, 성공적으로 제품 런칭이 되거나 하는 것들을 떠올리기 마련이다. 그렇다면 성과 관리란 무엇인가? 자칫 잘못 생각하면 성과 관리란 것이 단지 해당 목표액 달성이나 기술개발 달성 여부로만 판단하기 쉽다. 실제로 그리 단순하지 않다. 성과가 잘 나오도록 하는 모든 행위가 이에 속할 것이다. 즉 전반적인 자원resource 관리도 성과 관리의 대상에 속한다. 예를 들어 1,000억을 파는 것이 목표였고 이를 달성했다고 가정해 보자. 목표를 이뤘으니 성과 관리가 잘된 것이라고 생각할 수 있다. 그러나 목표를 위해 애초에 배정된 예산을 크게 초과해서 사용했다면 이것이 잘된 성과라고 마냥 만족할 수 있겠는가?

기술개발 부서의 경우 돈을 벌어오기 위한 미래의 먹거리를 개발한다. 그만큼 투자되는 자원의 양이 적지 않다. 연구개발에 드는 비용이 막대하다 보니 과연 경영진의 입장에서 연구소를 어떻게 바라볼지 내심 궁금하다. 기업의 입장에서 모든 것은 기회비용이다. 가급적 자원은 한정적으로 투여하면서 그 안에서 최대한의 효율을 내고자 한다. 따라서 애초에 배정된 예산을 이용해서 일 년 살림을 잘하는 것도 드러나지 않는 성과 관리의 하나라고 말할 수 있다.

연초에 살 것들이 많았는지 계속 결재가 올라오더니 급기야 3개월 만에 총예산의 30% 정도를 써버렸다. 걱정이 되어 다들 꼭 필요한 것인지 확인하고 사자고 제안했다. 어떤 친구들은 어차피 예산이 없다고 하면 더 주지 않겠냐고 반문한다(솔직히 나도 이런 마음이 없지는 않다. 설마 굶기야 하겠어?). 그러나 관리자의 입장에서는 자원을 잘 운용하는 것도 하나의 기술이다. 자원 관리도 성과를 창출하는 것만큼 중요한 것일 수 있다. 한정된 자원일 경우 일의 우선순위를 어떻게 둘 것인지, 무엇부터 해야 하는지 고민하는 것이 성과 관리 아니겠는가. 올해는 가급적 지급된 자원 안에서 최선을 다해 볼 요량이다.

사람도 마찬가지로 자원이다. 흔히 인사관리 부서를 HR팀이라고 부르는데, HR이 바로 Human Resource 즉 인적 자원이다.

1년만 죽을 등 살 등 해서 성과를 쭉쭉 빨아먹고 버릴 것이 아닌 이상, 같이 일하는 동료를 잘 챙겨야 한다. 그래야 조직도 지속 가능하다. 개인적으로 친해지고 막역한 사이가 되는 것도 필요하지만, 관리자들은 조직 내 구성원의 성장 기회를 꾸준히 제시하고 현실화시켜줘야 한다.

예전에 사내 장학생 제도가 있었다. 장학생으로 선택된 사람들은 회사 지원을 받아 박사 학위를 밟는 기회가 주어졌다. 아무래도 고성과자들이 이 기회를 잡을 수 있었다. 워낙 뛰어난 사람들이다 보니 열심히 공부해서 회사 일을 하다가 다들 다른 곳(대학교)으로 가버렸다. 취지와 제도의 필요성 자체는 더할 나위 없이 좋았으나 의도하지 않은 폐단으로 인해 현재는 운영이 중단되었다. 개인적으론 많이 아쉽다. 조직에 대한 로열티를 갖는 사람들을 육성할 뿐 아니라 더 좋은 성장과 조직의 성과를 높일 기회가 어찌 보면 잘난 선배들 덕분에 없어진 것이나 마찬가지이기 때문이다. 개인 미팅을 할 때 의견을 들어보면 박사 과정을 하고 싶어 하는 사람들이 있다. 욕심이 있어 보이는 몇몇 후배들에게는 박사 과정을 권하기도 했다. 금전적으로 해줄 수 있는 건 없지만 적어도 동기 부여를 계속해주고 기회 요소를 찾아주는 것은 필요하다. 이런 활동들 역시 미래를 위한 성과 관리로 봐야 한다. 눈에 보이지 않는 무형의 성과 관리의 방법에 대한 관리자의 기술을 갖추는 노력도 잊지 말자.

관성의 법칙 깨기_변화를 위한 조직 관리

어제 읽은 책 『힘들다면서 그대로 일하는 팀장』(피터 지음)의 내용 중에 기억에 남는 구절이 있어 소개한다.

"경계해야 할 것은 마치 겉모습만 그다음 단계의 모델로 조직의 형태가 갖추어지는 것입니다. 내부 문화는 엄격한 상하 관계와 의사결정에 참여할 수 없는 구조, 특정한 수직 구조가 조직 내부의 평가에 끝까지 영향을 미치는 구조인데 직함과 조직 편제만 자유분방한 위임 구조를 보이는 기업이 적지 않기 때문입니다. 문화와 제도가 보완하지 못해 내부적으로 혼란만 가중됩니다."

지극히 이 말에 동의한다. 우리 회사의 경우 일찍부터 '님' 문화를 도입하여 지금은 일반적으로 널리 쓰인다. 신문 기사에도 꼬박꼬박 나오는 회사 문화의 중요한 꼭지로 소개된다. 사내에서 가장 높은 분일지라도 ○○○님으로 부른다. 하지만 임원들을 부를 때 상무님이나 전무님을 꼬박꼬박 붙이는 사람들도 여전히 있다. 10년이 넘는 제도 속에서도 바꾸기 힘든 속성이 있다.

　최근 조직구조에도 변화를 꾀하고 있다. 기존에 일하던 방식에서 계속 진화하는 방향으로 나아가는 것을 느낄 수 있다. 세상이 빠르게 돌아가고 있는데 편하다고 기존 그대로를 유지하려고 하는 것은 조직의 자기기만 행위에 가깝다. 끓는 물 속에서 여유롭게 목욕을 즐기는 철없는 개구리가 되어서는 안 된다.

　문제의 핵심은 위의 글에서 따온 것처럼 실제 내부 문화와 겉으로 홍보되는 문화 사이의 갭이다. 처음에는 어떤 변화의 시기에 사람들의 반응이 두 가지로 나타날 줄 알았다. '저항하는 사람'과 '변화에 올라타는 사람'이다. 그런데 이렇게 두 종류만 있는 것이 아니었다. 또 다른 무리가 있었다. 바로 '이래도 그만 저래도 그만'이라고 생각하는 무리였다. 의외로 이런 사람들이 꽤 많다. "뭐, 별다를 거 있겠어요? 이러다 말겠죠"라고 말하거나 아니면 아예 관심이 없다. 변하거나 말거나 내 갈 길 가겠다는 무리들이다.

　위에서 인용한 글은 조직의 상하 관계나 수직 구조의 견고함으로 인해 권한 위임 등이 제대로 실현되지 않는 상황을 얘기하고 있다. 조직이 돌아가는 모습을 보면 상하 관계가 늘 문제의 원인이다. 이것은 쉽게 해소되지 않는다. 그렇기 때문에 대부분 리더의 역할이 변해야 한다고 강조한다. 하지만 항상 강조해도 잘하기 어려운 것이다.

분명 리더들의 내려놓기가 필요하다.

그런데 함께 움직이지 않으려 하는(변화하면 따라는 가겠지만) 능동적이지 않은 구성원들도 아주 쉽게 관찰된다. 의외로 그들의 수가 상당히 많다. 이유가 뭘까? 우선 의미 전달이 잘 안 되기 때문이다. 그리고 왜 변해야 하는지, 왜 새로운 시도들을 해야 하는지 의도적으로 이해하지 않으려는 태도가 만연해 있다. 기존의 것이 더 익숙하고 편해서 바꾸기 싫은 것이다. 덩치가 크고 무거운 조직일수록 그렇다.

그런 이유로 어떤 변화가 실제 효과를 내기까지 매우 긴 시간이 필요하다. 그사이에 소모되는 시간들 속에서 각종 갈등이 생긴다. 실제 상황(변화하지 않은 내부)과 외형(이미 변화를 준 제도, 조직, 체계 등)의 차이 속에서 말이다. 새로운 시도가 성공적으로 정착하려면 무엇이 중요할까? 내 생각엔 저항하는 사람들을 설득하는 것보다 이도 저도 아닌 것처럼 떠다니는 구성원들을 빨리 끌어당기는 것이 핵심일 것 같다. 대세를 만드는 것이 중요하기 때문이다. 결국 어떤 변화를 이끌어 내기 위한 최선의 방법으로 내부 구성원의 마인드를 확실히 바꾸는 것이 필수적이다. 늘 그렇듯 외형보다 중요한 건 그 안에 담긴 내용물이니까.

성과를 내려면 핵심 조절자를 찾아라

현재하는 일의 주된 업무는 외부 주요 기술과 연구자를 탐색하고 그중에 괜찮은 후보를 고르는 것이다. 좋은 기술을 가진 사람들과 네트워크를 만들고 유지하는 것도 성과의 하나로 볼 수 있다. 일종의 기술연구자 풀pool을 관리하는 것이다. 가장 성공적인 그림은 공동연구개발로 이어지는 것이다. 솔직히 이 업무를 맡게 되면서 걱정이 많았다. 과거에도 유사한 일을 담당한 부서가 있었지만 마땅한 성공사례를 본 적이 없었기 때문이다. 왜 안 될까? 하고 잠시 고민해 본 적은 있으나 그것이 내 본격적인 업무가 된 이상 고민보다는 해결이 필요한 상황이었다.

흔히 개방형 연구개발Open Research & Development이라고 불리는 일들이 조직의 성과가 되기 위해서 어떤 것이 필요할까? 조금 오래된 기사지만 이번에 이 일들을 하면서 느꼈던 점들을 아주 잘 설명해 놓은 기사(MIT Sloan Management Review)가 있다. 작성된 지 시간이 꽤 지난 것이지만 핵심은 지금 상황에도 잘 맞는다. 그 말은 이런 성격의 일들은 항상 동일한 본질적 요인이 있다는 것을 보여주는 것이다. 긴 글의 핵심만 요약하면 다음과 같다.

> 자사의 R&D 조직 외부에 있는 기술을 활용하여 혁신을 한 회사들이 있다. 이들의 성공 원인은 무엇인가? 다른 회사들도 이런 시도를 해봤을 텐데, 실패 원인은 무엇일까? 그것은 외부에서 얻은 새로운 아이디어를 가장 잘 활용할 준비가 되어있는 사람에게 전달하지 못했기 때문이다.

아무리 관심 있는 기술을 전달한다고 해도 개방형 혁신을 가로막는 또 다른 이유가 있다. R&D 파트에 있는 사람들은 NIH(Not Invented Here) 신드롬이라고 부르는, 내가 시작하지 않은 외부 기술을 배척하는 경향이 높다. 아이러니하게도 외부 기술이 내 연구 주제와 비슷하면 더더욱 내것을 지키기에 급급하다. 자신의 일이 공격받는다고 생각하기 때문이다. 따라서 정말 괜찮은 외부 기술 선별자와 사내 연결자라면 외부 기술을 새로운 도약의 기회로 설득하는 방안을 모색할 필요가 있다.

저자들의 연구 내용과 주장에 크게 동의한다. 아무리 좋은 기술일지라도 관심 없는 사람이나 아무 결정권이 없는 사람에게 소개하는 것은 의미가 없다. 피터 드러커가 언급한 '성과를 내는 지식근로자'

가 되고 싶다면 반드시 이 점을 간파해야 한다.

'좋은 기술을 소개했는데 아무 연락이 없다니, 멍청한 사람들.'
'기술을 보는 눈도 없네.'

이렇게 생각하며 자신을 위로해 본들 달라지는 것이 있을까? 조직이 성과를 내는데 기여하는 것이 구성원의 할 일이다. 분노와 남 탓으로 시간과 열정을 소비하지 말자. 성과로 연결시키기 위해 회사 내의 인적, 조직적 네트워크의 어느 지점이 중요한지 알고 있어야 한다. 시스템생물학이라는 학문이 있다. 특정 현상을 정의하기 위해 수많은 변수들의 연결고리를 규명함으로써 현상에 대한 근원적인 이해를 하고자 하는 것이 시스템생물학이다. 이 학문의 연구방법론을 이용하면 세포 내 다양하게 얽혀있는 신호 네트워크의 어느 지점을 조절할 때 가장 효과적인지 찾아낼 수 있다. 문득 사내 조직과 개인 사이의 네트워크 관계도를 그리고 분석해서 핵심 부서와 조절자를 찾아보면 무척 흥미롭겠다는 생각이 들었다. 물론 다양한 조건과 연결 고리 속에서 핵심 조절자를 찾는 것은 쉬운 일이 아니다. 이런 내용이 매뉴얼로 작성되어 관리될 수도 없다. 이것은 어쩌면 설득의 영역이며 소개해 주거나 소개받는 사람 사이의 관계와 성향이 중요하다. 시스템이 아무리 잘 갖춰지고 고도화된 조직일지라도 사람의 관계 속에서 해결해야 하는 영역은 늘 있다는 것을 잊지 말아야 할 것이다.

느슨함과 혁신

중간 관리자가 되면서 책을 읽기 시작했다. 특히 조직 관리, 경영, 혁신과 관련된 주제의 책들을 찾아 읽게 되었다. 어느 한 권 안에 모든 것을 다 설명하고 고민을 해소해 주는 경우는 없었다. 무엇보다 중요한 것은 내가 속한 조직의 상황과 현실에 맞게 실제 적용할 수 있는 솔루션을 만들어 가는 일이다. 가설과 검증을 통해 모델을 수정하고 피팅하는 과정 속에서 관리자로서의 역량을 높일 수 있었다.

8년 차가 되었을 때, 『슬랙』(slack, 느슨함)이라는 책을 읽을 기회가 있었다. 중간 관리자 초반에는 상대적으로 책임 부담이 덜한 상태였지만 지금은 함께 일하는 사람들을 챙기면서 나도 스스로 챙겨야 하는 상황이 되었다. 조직 관리는 하면 할수록 잘 모르겠다. 그런데 이 책을 보니 조금 마음이 놓인다. 원래 어려운 게 맞단다. 조직 관리와 운영 차원에서 슬랙이라는 단어는 '효율을 위해 비효율의 여유를 남겨

두라'라는 새로운 정의를 갖는다. 조직을 덜 효율적으로 만들어야 더 생산적으로 될 수 있다는 역설을 주장하는 것이 이 책의 핵심이다.

"업무를 100% 기준으로 둔 채, 쪼개서 관리하는 것은 맞지 않는다."

초반에 언급되는 매트릭스 조직에 대한 일침에 깜짝 놀랐다. 매트릭스 조직의 전제 중 하나는, 사람은 늘 대체 가능하고 언제나 분할해서 효율적으로 사용할 수 있다는 것이다. 저자는 이런 생각이 담긴 매트릭스 구조에서 자원(사람) 관리는 결과적으로 덜 생산적인 환경을 만들어 낸다고 주장한다. 특히 연구직과 같은 지식근로자는 효율성으로 관리할 수 있는 존재가 아니라고 말한다. 예를 들어보자. 개인 목표 관리로 잘 알려진 MBO에서 20%만큼 투여해서 일하라는 것의 의미는 무엇인가? 근무일Working day인 5일을 기준으로 20%는 하루만큼(8시간)의 일이다. 일주일에 하루는 해당 프로젝트만을 위해 오롯이 쓰라는 말이다.

하지만 실제 업무는 그렇게 일어나고 진행되지 않는다. 어떤 날은 하루가 모자라게 해당 업무를 해야 하고, 어떤 날은 전혀 하지 않는다. 평균적으로 20%라는 말은 허구에 가깝다. 평균적이라는 것은 더하고 덜 하는 것의 중간값을 의미하는 것이니, 결과적으론 실제 100%가 아닌 120, 130%의 업무 참여를 독려하는 시스템이다(반대로 평균의 의미에서 70, 80%를 하는 개인도 있을 것이다). 또한 개인의 참여율을 100% 기준으로 쪼개 넣기 시작하면서 관리와 효율이라는 전제가 깔린다. 과연 관리자·평가자는 이 사람이 20%만큼을 했는지, 18.5%만큼을 했는지 알 수 있을까?

고백하건대 한때는 이러한 업무분배가 가능하고, 그만큼의 일을 하는 것이 정당하고 가치가 있으며, 조직 관리의 차원에서 적합한 방안이라고 믿어 왔다. 그러나 실제 상황은 그렇지 않다는 것을 직접 체험으로 깨달았다. 저자는 슬랙을 가져야만 100% 역량 발휘라는 허상을 버릴 수 있고, 여유를 통해 변화의 기회를 찾을 수 있다는 점을 강조한다.

조직에 대한 두려움의 문화가 있으면 안 된다

두려움의 문화에 대한 설명은 아래와 같다.

1. 어떤 특정한 내용에 대해 말하는 것은 안전하지 않다.
2. 목표가 아주 공격적으로 설정되지만 사실상 목표를 달성할 기회는 없다.
3. 권력은 상식보다 우위에 있다.
4. 살아남은 관리자들은 매우 화를 잘 내는 무리다. 모든 사람이 그들을 두려워한다.

위의 상황들이 두려움의 문화를 대변하는 대표적인 내용들이라고 할 때, 나는 특히 1번과 3번에 동감한다. 우리 조직은 어느 정도 두려움의 문화를 갖고 있다. 내가 만난 어떤 상사들도 아무 말이나 다 들을 준비가 되어 있으니 해도 된다고 말하지만 속으로는 그렇지 않음을 경험적으로 안다.

권력에 대한 부분도 많은 생각을 갖게 한다. 최근 회의에서 한 임원이 이 제품의 방향을 A라고 잡자고 제안했다. 그러자 그 임원보다 한 직급 낮은 임원이 그렇게 하면 안 될 것 같다고 많은 사람들이 놓인 자리에서 반박하는 모습을 보였다. 어떻게 보면 당연하게 의견을 주고받았을 뿐인데 거기 있던 모든 사람들이 흠칫 놀랐다. 어떻게 상급자의 의견에 반박을 할 수 있지? 하는 감탄과 동시에 놀라움이 공존했던 것이다.

지식근로자는 표준화된 프로세스로 일하지 않는다

테일러주의란 반복되는 프로세스에서 그 일을 하는 누군가는 항상 대체 가능하다는 것을 의미한다. 표준화된 프로세스를 따르면 되기 때문이다. 그러나 지식근로자에겐 테일러주의가 맞지 않는다. 지식근로자는 프로세스에 맞춰 일하기보단 주변과의 관계와 네트워킹을 통해 일한다.

프로세스 강박증에 대한 내용은 생각해 볼 것이 좀 있다. 늘 회사는 개인의 네트워크보다는 시스템으로 돌아가야 한다는 믿음이 있(었)다. 개인별 능력에 기대는 것은 작은 규모의 회사에서나 가능하고, 일정 규모 이상의 조직은 그런 것이 적합하지 않다고 말이다. 그런데 저자는 지식근로자의 일하는 방식은 소위 스타 직원의 네트워킹으로 좀 더 좌지우지된다고 한다. 내가 일했던 방식을 돌이켜 보아도, 머릿속으로는 시스템적인 일 처리를 이상향으로 생각해 왔지만 실제 업무는 다분히 개인 능력과 인맥에 의존했던 것 같다.

본질을 놓칠 수 있는 MBO의 위험성

MBO(Management by Objectives). 목표를 달성하거나 초과하면 그 사람은 완전히 성공한 것으로 인정된다. … MBO는 지금까지 하던 일을 더 잘하면 된다는 생각에 기반을 두고 있다. 작년에 한 것을 똑같이 하되, 올해는 X를 더 하라. X의 증가를 목표로 삼는 것은 경영진이 X의 증가가 그들을 성공으로 이끌어 줄 것이라고 결정했다는 걸 뜻한다. … MBO의 목표는 항상 단순한 추정치이다. 어떻게든 단순한 숫자로 표현하라고 말한다. … 할당량만큼 팔아야 한다는 비본질적인 동기 요인 때문에 고객을 만족시켜야 한다는 본질적인 동기를 잊어버릴 수 있다.

이 책을 통해 단 한 번도 스스로 문제를 제기해보지 않았던 MBO에 대한 생각을 바꾸었다. 분명히 경험으로 알고 있었다. 연구직(지식근로자)은 MBO의 정량적, 정성적 목표를 잡는 것이 단순히 작년 대비 숫자의 증가로 설명되어서는 안 된다는 것을 말이다(전년 대비 목표 증가는 매출이나 수익 등의 재무지표가 더 적합하다). 되도록 정량적 목표를 잡으라고 하는 것 또한 관리 차원의 편의성 때문이다.

입사했을 당시 연구소 전체적으로 식스시그마 운동을 열심히 전개한 적이 있다. 식스시그마에서 항상 강조하는 것이 있다. '측정되지 않으면 개선할 수 없다'는 것이다. 식스시그마는 품질을 높이는데 부적절한 오류를 잡는 성격이 강하다. 식스시그마는 전통적인 MBO 개념의 목표와, 이를 달성하는 방법론으로서 잘 매칭되는 것처럼 보인다. 몇 년간의 식스시그마 활동을 통해 내가 내린 결론은, 새로운 것을 연구개발 하는 방법론으로서는 적합하지 않다는 것이다(기존의 것에서 품질 개선하는 방법으로는 적합한 것 같다).

사실 가장 마음에 와닿는 말은 비본질적 목표로 인해 핵심을 놓칠 수 있다는 것이다. MBO 달성만을 강조할 경우 '왜 이 일을 해야 하는가?'라는 원인(WHY)보다, 목표(WHAT)가 더 중요하게 보인다는 점이다. 또 하나, 일하는 이유 WHY를 강조하면서 정작 개인과 조직에 대한 평가지표는 MBO상에 드러나는 수치적 목표를 가져감으로써 엇박자가 난다. 연초에는 열심히 이 일의 당위성, 고객에 대한 제품의 본질과 존재 이유를 고민하다가도 결국 연말 몇 개를 얼마 팔았나로 귀결되는 것은 바람직하지 않다. 연말 MBO 평가가 공정하지 않아 보이는 것은 당연한 현상이다.

다만 저자가 MBO를 낡은 유물이라고 비판하면서도 대안을 제시하지 못한 것은 아쉽다. 나 역시 대안이 궁금해져서 검색을 해봤더니 구글과 인텔의 OKR(Objectives and Key Results)에 대한 내용을 찾게 되었다. 요즘은 이것을 다룬 책을 읽는 중이다.

관리와 효율성의 맹점에 빠지지 말자

우리의 삶에 여유가 필요하듯, 직장에서 일할 때도 여유가 필요하다. 아주 단순한 논리지만 현실적으로 잘 안 되는 부분일 수도 있다. 특히나 관리자는 의식적으로 여유를 가져야 한다. 그래야 급한 일도 처리할 수 있고, 더 생산적인 업무가 가능하다. 중간 관리자들이 변화의 가장 핵심층이며, 서로 만나 관리에 대한 학습과 성장을 할 수 있는 기회가 주어져야 한다는 저자의 주장에 격하게 공감한다. 읽는 동안 저자의 문제 제기에 대안이 뚜렷하지 않은 부분들이 있어 아쉬웠지만, 한편으론 내가 여러 가지 생각을 해볼 기회를 주었다는 점에서 좋은 책이라고 생각된다. 한 1~2년 뒤 다시 읽어봄 직하다.

일하는 방식은 진화하는가

작년부터 가끔 기사를 통해 협업 공간co-working space에 대한 내용들을 접하곤 했다. 대표적으로 위워크(We-Work, 협업 공간을 제공하는 회사) 같은 회사들이 널리 소개되어 있는데 조사해 보면 꽤나 많은 협업co-working 제공자들이 있다는 것을 금방 알게 된다. 협업의 개념은 서로 다른 배경을 가진 개인·프리랜서나 작은 집단이 함께 모여 같은 공간에서 일하는 것 정도로 볼 수 있다. 정확한 시작이나 기원은 명확하지 않은 것 같으나, 대략 2005년이나 2006년 정도에 시작된 것으로 보인다(co-working space의 기원은 2005년 샌프란시스코의 3명의 기술자들의 집을 낮 시간 개방한 'Hat Factory'를 그 시초로 보고 있다는 글도 있고, 2006년 미국 맨해튼에서 프리랜서로 일하는 두 명의 기업가가 함께 일할 사람들을 자연스럽게 초대하면서 시작되었다는 내용도 있다). 하여튼 10여 년이 훌쩍 지난 개념인데 유독 최근에 좀 더 주목을 받는 것 같다. IT를 기반으로 하는 창업 기회의 확산과 맞물리는 현상으로 보인다.

얼마 전 로레알에서 10년 넘게 근무하던 분과 식사를 할 수 있는 기회가 있었다. 로레알은 무척 거대한 글로벌 화장품 회사다. 그럼에도 불구하고 꽤나 날렵하다는 생각을 늘 갖고 있었다. 식사하면서 이런저런 얘기를 나눠보니 직접 근무를 했던 내부자 입장에서 본 로레알은 상상과 달리 다른 회사와 크게 다르지는 않다고 하는 생각을 했다. 그분이 나에게 자세한 상황을 설명할 수는 없었지만 그곳 역시 구조화된 프로세스와 조직으로 인해 의사결정이나 협업에서의 어려움은 피할 수 없는 것 같았다. 조직은 다 비슷하다는 생각이 들었다. 글로벌 기업은 뭔가 다를 것으로 기대했는데 아쉬웠다.

갑작스레 협업에서 로레알 얘기를 하는 것은 일하는 방식의 진화, 또는 그 방식의 방향성에 대한 고민 때문이다. 대기업, 큰 조직의 장점은 결국 시스템과 잘 구조화된 프로세스라고 생각한다. 그런데 이것이 성장을 방해하는 심각한 문제가 되기도 한다. 작은 조직에서라면 몇 분 또는 몇 시간 안에 결정될 수 있는 문제가 큰 조직에서는 며칠이나 몇 주가 걸릴 수 있다. 의사결정까지 밟아야 하는 단계, 지켜야 하는 규정, 각종 품의와 결재선, 사전 합의, 책임 소재 등등. 그러는 사이 경쟁업체가 빠르게 치고 올라오는 것을 인지하지 못하거나 인지했다 하더라도 대응까지 수개월의 시간이 또 허비된다. 얼마 전 회사를 떠나 조금 더 작은 규모의 연구소로 이동한 선배를 만났다. 그분 말씀 중에 "여기서 근무하니 의사결정이 빨라서 좋아"라는 말이 무척 설득력 있게 다가왔다.

거대한 규모와 시스템을 갖춘 회사가 날렵함, 요즘 용어로 Agile하기 쉽지 않다. 이에 대한 대안 중의 하나가 작은 조직 규모의 협업 방식 도입 또는 아예 협업공간으로의 이주가 될 수 있을까? 흥미롭게도 대기업을 중심으로 실제 변화가 시작되고 있다. 위워크와 같은 협업공간 제공 회사와 공동으로 공유오피스 공간을 운영하면서 대기업은 자신들의 직원들을 그곳에서 일하게 한다. 유니레버 같은 글로벌 기업은 아예 자신들의 이름을 걸고 협업공간을 제공한다. 새로운 기술이나 아이디어를 가진 스타트업들에게 시간과 장소를 빌려주면서 본인들의 비즈니스 기회와 연결시키는 시도를 하는 것이다. 덕분에 위워크와 같은 회사의 가치 또한 크게 증가하고 있다. 나는 여기서 아이러니를 느낀다. 대기업으로 진화하면서 분명히 과거보다 세련된 조직 문화와 의사 결정의 프로세스 등을 잘 구조화했을 텐데, 결국 그것을 허물어버리는 또 다른 방법을 찾고 있던 셈이기 때문이다. 이것이 어떻게 보면 정반합을 통한 한 걸음 더 전진일지도. 엄청난 경쟁 사회에서 살아남기 위한 조직의 혁신은 이렇게 때론 치열하다.

오픈 이노베이션이 실패하는 이유

앞선 글에서 오픈 이노베이션Open Innovation, 오픈 리서치Open Research라고도 부르는 이 일의 성공 여부는 사내 인적 네트워크가 무척 중요하다는 얘기를 했다. 맞는 말이긴 하지만 너무 사람에게만 의존하는 해결책이 아닌가 싶다. 회사의 관점에서 좀 더 시스템적으로 프로세스를 갖추는 것은 어떨까?

예를 들어 외부에서 발견하는 기술과 연구자에 대해 공식적, 일상적인 기술 검토와 리뷰 단계가 있다고 가정해 보자. 여기서 눈여겨봐야 할 것은 기술의 발굴자와 검토자 사이에 존재하는 극명한 온도 차이다. 기술의 검토는 객관적으로 하는 것인데, 객관적인 평가에 무슨 관점의 차이가 있다는 말인가?라고 반문할 수 있다. 그러나 겪어보니 객관적 평가 사이에도 주관적 관심사가 반영되곤 했다.

가능성이 비슷한 2개의 기술 후보가 있다면 1)자신이 직접 찾은 연구자를 선호하거나, 2)가능성만으로는 투자할 수 없으니 더 완성된 기술을 가져오라고 하거나, 3)차라리 자신이 회사에서 그 일을 진행하겠다고 하는 등의 피드백을 너무나도 많이 받아보았다. 외부 기술 제안에 대해 내부에서 채택조차 어렵다는 느낌을 종종 받는다.

답답한 마음에 구글링을 해보니 오픈 이노베이션이라 부르는 활동들이 실패하는 까닭을 잘 정리해 놓은 것이 있다. 매우 공감하는 마음에 정리해 보았다.

1. 내부에서 스스로 혁신할 수 없는 역량을 가진 회사·조직이라면 외부의 동업자와는 더더욱 어려움을 겪을 수밖에 없다

우선 조직 스스로 혁신할 수 있는 분위기와 역량이 필요하다. 하긴 내가 준비가 안 되어 있는데 다른 기회를 포착하거나 다룰 수 없다. 당연히 내부의 역량이 우선 갖춰진 상태에서 외부로부터의 혁신이 가능한 것이다.

2. 많은 회사들은 외부의 기술이나 아이디어가 매우 뛰어날 것으로 기대하지만 못 미치는 경우가 많다

우물가에서 숭늉 찾지 말고 아이디어의 가능성을 어떻게 우리 것으로 만들지 고민해야 한다. 외부 기술이라고 하면 종종 기술 완성도에 대한 평가가 엄격하다. 내 것은 설익고 완전하지 않아도 남의 것은 완벽했으면 하는 바람이 있는 것이다. 기술 연구자라면 외부 기술이 가진 잠재성을 파악해서 내 제품과 기술에 연계하는 반짝이는 아이디어를 찾는 것에 노력을 들여야 한다. 그냥 가져다 쓸 것이라면 빨리 회사나 특허를 사는 것도 방법이다.

3. 회사 자체가 가진 문화와 비즈니스 특성을 무시한 채, 좋아 보이기만 하는 경쟁자들의 방법을 따라하기만 한다

남들이 다 하니까 우리도 하는 척 흉내만 내보자 하는 마인드로는 절대 성공할 수 없는 것이 오픈 이노베이션이다. 또한 다른 회사에서 도입한 방법을 참고할 수는 있어도 각자 회사 문화와 프로세스, 규모에 적합한 수준으로 반드시 재정의해서 도입해야 한다.

4. 회사 스스로도 오픈 이노베이션이 무슨 의미를 갖는지 잘 모른다. 직원이나 동업자, 고객들에게 그 의미를 전달하거나 설명하지 못한다

내부적으로 이런 일에 대한 경험이 부족하여 이해도가 낮다. 왜 해야 하는지도 잘 모르는 경우가 많다. 그냥 내부에서 연구 개발하면 된다고 생각한다. 그렇게 내부에서 해도 충분하던 시절이 있었다. 지금은 워낙 기술 개발의 속도가 빠르고 고객의 변화 역시 신속하게 대응해야 하는 때다. 직원들에게 외부 기술에 눈 돌려야 하는 이유를 교육해 줄 필요가 있다.

5. 다양한 사내 조직들(특히 운영과 관련된 조직)이 혁신의 초기 단계를 인큐베이션incubation하는 일에 충분히 연결되어 있지 않다

4번과 유사한 의미이다. 사실 운영 조직일수록 오픈 이노베이션에 대한 이해가 필수적이다. 직접 몇 년 일을 해보니 생각보다 이런 일의 운영에 전문성과 이해를 가진 인력이 부족하다. 연구자 스스로 알아서 하라고 방임하기보다는 혁신적인 성과로 연결될 수 있도록 지속적인 운영의 도움이 반드시 있어야 한다.

6. 경영진들은 성공적인 오픈 이노베이션 추진에 따른 위험 요소를 잘못 이해하고 있는 경우가 많다

당연하겠지만 경영진 중에 오픈 이노베이션 경험이 없는 사람이 많다면 더더욱 이해도가 떨어질 듯하다. 경영진은 자신의 성공 방정식으로 그 자리에 오른 경우가 많다. 그런 점에서 오픈 이노베이션을 경험하지 않은 사람이라면 필요성에 대해 이해하거나 받아들일 자세가 되지 않을 가능성이 다분하다. 많은 과제와 시도는 실패할 수밖에 없다. 실패 속에서 교훈을 얻고 새로운 기술 개발의 기회를 찾는 것을 받아들여야 한다. 효율적이어야만 하는 자원 투자, 성공 사례만을 부추기는 사내 문화는 그 방해 요소다. 경영진은 이미 자신의 성공 신화를 완성한 경우가 많아 다른 사람의 기술과 방법을 중요하지 않게 생각하기 쉽다. 경영진이 중요하지 않게 생각하는 것에 직원들이 움직일 까닭이 없다.

7. 회사는 종종 '일 잘하는 사람들'을 오픈 이노베이션 업무 책임자로 두는 경우가 많은데, 사실 일 하는 사람들은 일상적인 업무에 익숙한 경우가 많다. 즉 오픈 이노베이션과 같이 새로운 관점의 일을 위해서는 다른 사람들이 필요하다

적재적소에 잘 맞는 인력 배치의 중요성을 다시 한번 깨닫는다. 조직을 운영할 때 HR 관점에서 어떻게 인력을 관리해야 할 것인지 중요한 질문이라는 생각이 든다. 루틴한 관리 업무에 최적화된 연구자가 있는 반면, 도전적인 일을 수행하면서 더 보람을 느끼는 사람, 새로운 일을 만들어 내는 능력이 좋은 연구자들이 분명히 있다. 일을 망칠까 두려워 안전한 길을 택하면 '안전한' 결과만 나오는 건 당연하다.

8. 회사와 회사의 계약인 경우, 상호 Win-Win 하려고 노력하기보다는 자신만 이익을 얻길 바란다

Give and take라는 말이 괜히 있는 것이 아니다. 상대방 회사가 가진 기술과 제품이 너무 탐난다면 그에 준하는 대우를 해주는 것이 마땅하다.

종합해 보면 말만 번드레하게 '우리도 오픈 이노베이션 합니다'라고 할 것이 아니라 내부적인 역량을 쌓고 이해도를 높여야만 성공 가능성이 높아진다. 그리고 조직 운영과 관련하여 경영진들의 이해와 관심 또한 필요하다.

얼마 전 외부 기술에 대한 보고서를 두 개 올렸는데 사람들의 관심이 참 차갑다. 다들 자기 일 바쁘고 힘들 때라는 것도 잘 안다. 답답한 마음이면서도 어떻게 하면 내 일의 의미를 내 동료들에게 좀 더 잘 전달할 수 있을지 고민은 계속된다. Open Innovation이라는 영어 표현 그 자체처럼, OPEN이라는 단어에 답이 있지 않을까.

6장

나만의 소소한 팁
모음

신입사원 면접을 봤다

　요즘 딱 신입사원 공채 기간이다. 지난주에 관련 부서, 비관련 부서 신입사원들 후보의 면접을 풀타임으로 이틀 동안 진행했다. 나는 전문 면접관도 아니고 사내 HR 담당 부서도 아니다. 그런데 몇 번은 기술 분야 전문가로서 직무 면접에도 참여해 보고, 올해는 특별히 전문 면접관으로 차출되어 좀 더 구조화된 면접을 볼 기회가 생겼다.

　이번에 참여한 면접은 직무와는 아무 상관없이, 단지 이 사람이 우리 회사에 어울릴지, 조직 생활은 잘 할 수 있을지를 판단하는 부분이었다. 그래서인지 후보들에 대한 소위 스펙이라고 부르는 내용은 전혀 알지 못하고 들어갔다. 이력서라고 나눠주긴 했지만 그것도 편견이 생길 수 있어 당일 아침에 알려주었다. 그냥 얼굴과 이름, 나이 정도만 참고했다고 보면 된다. 면접관으로 참여하면서 느낀 점 몇 가지만 남겨보고자 한다. 면접관들의 성향에 따라, 회사 문화에 따라 많이 다를 것이지만 보편적으로 도움이 될 만한 부분이 있을 것이다.

진실되자(나의 이야기를 하자)

모두들 진실하다. 그리고 진솔하다. 그런데 그게 잘 와닿지 않는 경우가 많다. 대부분 착한 대답을 하기 바쁘다. 어떤 사건이 있었고, 저는 이런 행동을 했고, 그 갈등을 원만하게 잘 해결할 수 있었습니다. 이상한 대답을 하라는 것은 절대 아니다. 그런데 객관적이고 아름다운 답변보다는 그 사람이 가진 생각을 알고 싶어서 하는 질문들이 있다. 처음에는 이런 대답들이 잘 나오지 않는다. 긴장이 조금 풀어지면 거기서부터 자기 얘기가 나온다. 시작부터 그런 대답을 잘하는 사람들이 있는 반면, 끝까지 나를 숨기고 책에서 배운 내용만 말하고 가는 사람이 있다. 일부 면접관 중에는 정형화된 대답을 아주 싫어하는 경우도 있으니 참고했으면 한다.

외운 거 억지로 하지 말자

다른 면접에서는 마지막으로 하고 싶은 말을 하라고 했더니 노래를 부른 사람도 있다고 한다. 다들 자기소개하라고 하면 "하나~ 저는 ○○○이 강점이고, 둘~ 저는 ○○○ 역량을 키웠고 또는 저는 ○○○같은 사람입니다"라고 말한다. 다른 면접에서는 어땠는지 모르겠지만 나와 함께 했던 HR 담당 전문 면접관도 이런 건 지양해 달라고 말한다. "자기소개 짧게 해주세요"라는 질문은 긴장된 분위기를 깨기 위한 아이스 브레이킹에 좀 더 가깝다. 남들과 차별화된 전략을 구사하는 것도 좋지만 특히 이렇게 외워서 오는 답변들은 잘 들리지 않는다. 면접관은 내가 물어볼 것에 더 생각이 많이 가 있기 때문이다. 특히 외운 거 하다가 막혀서 "다시 처음부터 해도 될까요?"라고 물어보면 정말 난감하다. 그렇게 해서 어필이 되는 경우는 많지 않았다. 미립자 팁이라면, 외운 티가 안 나게 자연스러운 자기소개 준비가 필요하다.

어느 면접 조의 마무리 시점이었다. 꼭 하고 싶은 말씀 하실 분 했더니 회사 이름으로 삼행시를 준비해 온 분이 있었다. 의욕은 충분히 이해하지만 안타깝게도 별로 그런 대답들이 인상적이진 않다. 삼행시는 면접에 어울리는 준비사항은 아니다. 삼행시 잘해서 점수를 역전시키거나 평가 의견이 달라지지도 않았다.

떨지 말자

보통 면접에 주어지는 40~50분 내내 정말 안타까운 사람들이 있다. 사실 여러 사람이 참석하는 조별 면접의 경우 한 사람에게 주어지는 시간은 고작 5~10분 사이. 긴장감이 엄청나게 높은 것은 이해하지만 사람이 괜찮은지 파악할 기회조차 얻지 못하면 면접관으로서도 참 아쉽고 미안하다. 그런 분들은 긴장 풀어주려고 가벼운 농담을 던져도 잘 안 된다. 결국, 다음 면접으로 올리기에도 어려워진다. 무척 힘든 자리이지만 나를 살짝 내려놓는 그 용기가 필요한 시점이다.

물론 면접관으로서 나의 역량이나 기술적인 부분의 부족함도 많다. 나의 질문 하나와 의견 하나가 누군가의 인생을 다른 길로 인도할 수 있다는 점에, 면접이 흥미롭고 재미있다기보다는 참 힘들고 어렵다는 생각이 들었다. HR 담당도 그런 점을 많이 강조해 주었다. 누군가의 삶이 달라질 수 있으니 더 신경 써 달라고.

개인적인 느낌으로는 조 편성도 중요하다는 생각이 들었다. 어떤 조는 정말 한 명 한 명 대답이 힘든가 하면, 어떤 조는 즐겁고 활기차게 진행된다. 그 사이에서 당락의 영향도 분명 있을 것이다. 면접을 준비하신 분들 모두 고민과 긴장, 걱정의 연속일 텐데 원하시는 곳에 잘 들어갔으면 좋겠다.

문득 십 년도 더 넘은 나의 입사 면접이 생각났다. 대전을 떠나 수도권으로 가고 싶다는 막연한 생각과 나의 대학 선후배가 근무한다는 이유로 지금의 이 회사에 지원했었다. 아니, 지원하고 싶었다. 그러나 박사 졸업 요건을 갖추지 못해 6개월이라는 시간을 더 보낸 후에야 당당히 지원서를 낼 수 있었다.

1차는 전문성 면접이었다. 박사 과정 논문에 대해 요약해서 발표를 했다. 잘된 결과만 모아서 보여줘도 될까 말까 한데 네거티브한 경험도 발표한 기억이 난다. 그땐 무슨 생각으로 그렇게 자신이 있었는지 모르겠다. 왜 박사인 사람이 회사에 지원했냐고 면접관 중 한 분이 물어보았다. 지금이야 우리 회사에 박사가 많지만 그때만 해도 몇 명 되지 않는 나름 고급 인력이었다. 게다가 보통 박사를 마치면 학교에 남아 교수로 가는 진로를 생각하기 때문이다. 정확히 무엇이라고 대답했는지 기억이 나지 않는다. 다만 그때나 지금이나 늘 비슷한 나름의 철학을 갖고 있다. 당시에도 비슷하게 대답하지 않았을까?

"연구를 위한 연구보다는, 현실적으로 널리 쓰일 수 있는 연구를 하고 싶습니다."

과연 그때 대답처럼 나는 의미 있는 연구를 하고 있는지 곰곰이 생각해 본다.

사랑받는 보고서를 써보자

옆 팀장님과 보고서에 관한 대화를 마치고 이 주제에 대해 좀 더 정리가 필요하다는 생각이 들었다. 마침 무슨 생각이었는지 나 역시 비슷한 생각을 하던 때였다. 동료들의 보고서는 부족하다고 생각하면서 정작 자신에 대한 평가는 안 하고 있었다. 나의 보고 방식은 잘되고 있는지, 더 개선할 점은 없는지, 잘하고 있다는 것은 나만의 착각이 아닌지 등을 돌아보고 싶어 도움이 될 만한 책(『보고의 정석』박신영 지음)을 한 권 읽기로 했다. 그리고 내 생각을 함께 정리해 보았다.

보고나 발표에서 가장 중요한 점은 바로 '상대방의 입장에서' 이다. 저자는 보고서는 읽기 위해 주는 것이 아니라 '보기 위해' 주는 것이라고도 말한다. 이게 무슨 말일까? 보고서를 읽지도 않고 그냥 훑어만 보는 것이 바람직한 일이냐는 질문이 나올만하다. 좋은 보고가 되기 위해 너무 많은 정보의 전달보다는 핵심만을 잘 요약하라는 의미

일 것이다. 내가 읽을 것을 염두에 둔 접근이 아니라, 보고서를 활용하고 그걸 통해 인사이트를 얻게 될 상대의 관점에서 보고서를 쓰자. 좀 다른 상황이지만 예전에 모시던 상사도 비슷한 말씀을 한 적이 있다. 발표 자리에 가서 내가 하고 싶은 말을 하지 말고, 상대가 듣고 싶은 말을 하라. 다수가 참여하는 발표 자리라도 모든 청중을 동일하게 대하지 말라. 핵심이 되는 청자의 눈높이를 고려해서 메시지를 전달하라.

왜 하는지 이해하지 못하고 조사해서 보고하는 경우도 있다. 이런 경우를 당해보면 물어본 사람(대개는 나의 상사)이 정말 궁금해서 그런 것인지, 아니면 나를 시험해 보고자 하는 건지 파악이 안 되기 십상이다. 어느 일요일 아침, 새롭게 취임한 기술원장님으로부터 메시지를 하나 전달받은 적이 있다. 목욕을 하면 손의 피부가 쭈글쭈글해지는 이유에 대한 과학 기사였다. 밑도 끝도 없이 이게 뭘까 싶었다. 그 당시 기사 내용에 대해 우리 입장에서 이런 원리가 어떤 부분에 응용 가능한지 간단히 답했던 기억이 있다. 지금도 그분이 어떤 생각으로 나에게 기사를 회송해 주신 건지 알 수가 없다. 그 어떤 경우라도 내 생각을 담아 전달하는 것이 훨씬 낫다. 정말 궁금해서 단순하게 물어본 것인데도 성의있게 대답해 주면 좋은 것이고, 어떤 테스트의 목적이라면 그걸 잘 통과할 수 있으니 말이다.

대부분의 보고서는 사실(팩트)만을 전달하기 위한 목적을 갖지 않는다. 사실은 이렇고 정황이 이러하니, 앞으로 우리 회사는 또는 나는 어떻게 할 것이라는 실행 계획이 요구된다. 이때 내가 하고 싶은 것에만 집중해서 나열하지 말고 이유를 합리적으로 설명해야 한다. 회사라는 거대한 조직은 항상 자원을 효율적으로 분배하고 사용하고 싶어 하기 때문에 어떤 일을 함에 있어 반드시 합당한 명분이 필요하다. 선심 쓰듯 나가는 돈처럼 보여도 나름의 이유가 있다. 자원의 사용할 수 있도록 승인하는 의사결정권자가 납득할 수 있는 이유와 명분을 마련해 주는 것이 바로 보고자의 올바른 준비 자세라고 할 것이다. 결국 사랑받는 보고서가 되려면 의사결정자의 눈높이에서 무엇이 문제인지 설명하는 것이 첫 번째, 그리고 두 번째는 그에 대한 솔루션을 제시하고, 마지막으로 구체적인 액션플랜을 담는 것이 가장 핵심이다.

바야흐로 성과 발표의 계절

발표(프레젠테이션)의 계절이 돌아왔다. 1년의 성과를 마무리하는 시점에 크고 작은 발표의 기회가 생기게 마련이다. 때로는 회사 내에서 본인의 이미지를 확실하게 자리매김 할 수 있기 때문에, 특히 연말 성과 발표는 매우 소중한 기회이기 때문에 잘 챙겨야 한다. 나 역시 입사 이후 많은 자리에서 발표 기회를 가졌다. 작게는 신입사원들 OJT 시간에, 또 초청 연사로 어린 학생들 앞에서, 크게는 CEO 앞에서도 발표를 했다. 매번 그렇게 준비하는 발표일지라도 늘 부족하고 '이만하면 됐지?' 하다가도 다른 사람이 훈수를 둘 정도로 제대로 된 발표가 아닐 때도 있다. 그리고 항상 발표의 순간이 다가올 즈음엔 긴장감을 놓을 수 없다.

프레젠테이션하면 대표적인 인물로 스티브 잡스를 떠올린다. 나역시 그의 프레젠테이션에 흠뻑 빠져, 맥북에어를 처음 소개할 때와 아이폰을 처음 소개할 때의 키노트를 몇 번이나 반복해서 보았다. 참 맛깔나게, 그리고 쉽고 간결하게, 반복적으로 메시지를 전한다. 스티브 잡스 키노트의 힘은 바로 거기에 있는 것 같다. 그리고 적당한 위트, 흔히 말하는 sense of humor로 수천 명의 청중을 상대로 '현실 왜곡의 장'을 펼치던 그의 모습이 그립다.

발표 자료를 깔끔하게 만드는 것과 발표를 잘하는 것은 별개의 문제다. 군더더기 없는 깔끔한 자료인데 발표는 크게 와닿지 않는 사람이 있고, 조금 복잡하고 어수선하지만 아주 핵심적으로 내용을 잘 전달하는 사람이 있다. 이건 어느 정도 발표자의 스킬에 관련된 부분일 것이다. 내가 만드는 프레젠테이션 자료와 또 그동안 다른 이들의 발표를 봐 온 경험을 바탕으로 몇 가지 생각들을 정리해 보았다.

기승전결

스토리 라인이 있어야 한다. 업무가 진행되는 과정 중이라 발표 시점에 결론이 안 나서 '기승전'인 경우도 있고, 그냥 '기승'인 경우도 파다하다. 그럼에도 스토리가 있어야 한다. 없는 결론을 만들라는 것이 아니다. 듣는 사람이 내 이야기를 듣고 따라올 수 있게 발표 내용이 구조화되어야 한다는 얘기다. 드라마의 경우에도 엄청나게 벌여 놓은 사건들을 제대로 마무리 못 하고 흐지부지 끝내면 막판에 재미가 뚝 떨어지고 실망스럽다. 프레젠테이션도 호흡을 가지고 [오프닝(주의 환기) - 전개 - 어려움의 극복 - 그래서 결과적으로 우리가 얻은 것] 같은 재미난 스토리를 청중들이 듣게 해야 더 매력적이다. 세부적인 내용들은 나중에 채워도 좋으니, 우선 큰 틀(프레젠테이션의 컨셉)을 먼저 짜 보자. 확실히 도움이 된다.

취향저격

이 부분은 아주 명쾌하다. '내가 하고 싶은 말을 하지 말고, 청자가 듣고 싶은 말을 들려줘라.' 명언이다. 프레젠테이션에 이것만큼 확실한 키포인트는 없는 것 같다. 그리고 많은 경우, 놓치는 부분이 이것이다. 화려한 애니메이션과 멋들어진 템플레이트가 문제가 아니란 말이다. 의사결정권이나 평가권을 가진 사람이 관심 있는 것은 A인데, 아무리 멋지게 짠 B 스토리를 들려줘봤자 귀에 들어가지 않는다. 사실 취향저격, 관심사 공략이 가장 어렵고 난해하다. 왜냐하면 뭘 들려줘야 하는지 모르는 경우가 많기 때문이다.

예를 들어 발표 자료를 준비할 때 어떤 평가가 관련된 경우라면 '평가지표'가 무엇인지 반드시 파악해야 한다. 이번에도 실제로 과제 종합 발표가 있어 자료를 준비하면서 우선 내가 전달하고 싶은 메시지를 스토리 잡아서 완성해 두었다. 그러고 난 후, 세부 평가항목이 무엇인지 살펴보니 특히 새로운 발견이나 접근 방법을 어필해야 한다는 점을 알게 되었다. 그래서 이 부분을 확실히 발표 자료에도 표시해 두었다. 그렇게까지 해야 하나 싶기도 하지만, 평가자 입장에선 그런 내용이 눈에 띄는 것이 더 좋을 때가 있다. 평가자가 발표를 들으면서 평가 포인트를 찾는 짐을 덜어주는 대신, 내 성과를 어필하는 데 에너지를 쏟는 전략을 구사한 것이다.

그래서였는지 과제 평가가 좋았다. 청중이 원하는 바와 발표 성격을 꼭 확인해서 내용을 짚어주자.

과유불급

개인적으론 화려한 애니메이션을 선호하지 않는다. 적당히 그리고 반드시 강조해야 할 메시지가 있을 때 쓰는 게 맞다. 이 역시 프레젠테이션의 목적에 맞아야 사용의 의미가 있다. 물론 재미난 스토리를 가벼운 모임에서 할 경우엔 조금 과하고 혹은 오버스러운 부분도 가능하다.

다른 사람들 발표 자료를 볼 때 항상 안타까운 부분은 색상 선정이다. 많은 프레젠테이션 가이드에도 언급되듯, 다양한 색상을 사용하지 말았으면 한다. 3~4가지 정도로, 반드시 톤을 맞춰라. 그리고 전체 프레젠테이션하는 동안 동일한 톤과 색상을 써야 한다. 앞에서는 파란색을 막 쓰다가, 뒤에 가서는 녹색만 막 쓰다가... 이런 경우를 종종 본다. 하나의 슬라이드 안에도 이 색 저 색이 전혀 통일되지 않고 혼란스럽게 사용되기도 한다. 제발 이러지는 말자.

오타 금지

많은 말은 않겠다. 실수할 수 있다. 하지만 놀랍게도 오타 실수는 아주 빈번하다. 프로라면 그러지 말아야 한다. 프레젠테이션 전체의 질을 떨어뜨린다. 승부는 의외로 작은 실수에서도 일어나기 때문이다.

직장인의 이메일은 다르다

모바일 시대이다 보니 문자나 카카오톡 같은 경로를 통해 업무 지시가 내려오곤 한다. 카톡 업무 지시는 개인적으론 매우 싫어하는 방식이지만 세상이 그렇게 변하고 있다. 듣기로는 꽤 높은 경영진 사이에서도 카톡 업무 지시는 이제 일상화되어있다고 한다. 하지만 여전히 이메일은 공식적인 업무의 지시와 보고 방법의 하나이고 비즈니스에서 필수적인 요소 중 하나다. 사내에서 오가는 이메일을 보면 가끔 고쳐주고 싶은 충동이 들기도 한다. 가장 핵심 사항은 사내에서 업무를 위해 주고받는 이메일이란 '공적인 서류'와 다름없다는 사실이다.

제목

제목은 간단하지만 어떤 내용이 담긴 것인지 알 수 있어야 한다. 내용을 대변하지 못한다면 적당한 제목이라고 하긴 어렵다. 아주 간혹 '안녕하세요'나 '부탁' 같은 모호한 제목의 메일을 보내는 사람이 있다. 이런 제목을 보면 안타깝다. 예전에는 왜 제목이 이런 거야? 싶은 이메일이 많았는데, 요즘 다들 제목은 잘 작성하는 것 같다.

이메일명(아이디)

제일 적당한 이메일 이름은 그 사람의 실제 이름을 반영하는 것이다. 나중에 상대방이 나에게 이메일을 보낼 때도 이름으로 되어 있는 것이 기억하기도 쉽고 실수할 가능성도 낮다. 보통 아이디를 만들 때 특성 있는 것을 선택하는 특징들이 있다 보니 예전에는 그럴듯해 보였던 이메일 이름이 회사에서 쓰기엔 부적절한 경우도 많다. 가장 대표적으로 웃긴 이메일 주소는 언론사 기자들의 것이다(기자들은 일부러 기억하기 쉬우라고 재미난 이메일 주소를 쓴다고도 한다). 때로는 황당한 이메일명도 많다. 개인 이메일이라면 얼마든지 재미있게 하는 것도 가능하겠지만 되도록 비즈니스를 위한 이메일은 그러지 말자. 공식적인 회사 계정이 있음에도 사적인 계정(지메일, 한메일 등)을 쓰는 사람이 있다. 글쎄 그게 편하기 때문일 수는 있으나 사적인 소통이 아닌 이상은 공식 계정을 사용하자.

내용

읽는 사람이 누구인가를 생각하면 좋다. 내용의 눈높이를 맞출 수 있기 때문이다. 만연체는 좋지 않다. 되도록 간결하게 쓴다. 했던 말을 또 하는 것은 좋지 않다. 전달해야 할 핵심만 쓰면 된다. 나는 때로 말머리에 관용어로 등록해 둔 '안녕하십니까, ○○○팀 누구입니다'도 필요 없다고 생각한다. 초면에 정중한 이메일이라면 모를까, 늘상 소통하는 사이라면 본론만 적어도 좋다고 본다. 구어체 이메일은 가장 지양해야 할 부분이다. 다행히 내 주변에 업무 이메일을 이렇게 보내는 사람은 거의 없다.

제목에 내용을 적어서 보내는 경우도 있다. 제목 줄을 넘지 않는 수준이라면 적당하겠지만 되도록 내용에 간단하게라도 쓰는 게 좋다. 내용무라고 하고 제목에 긴 내용을 회신하는 이메일을 받아보니 좀 당황스러웠다. 제목이 표시할 수 있는 칸을 넘어가 무슨 내용인지 잘 알 수 없어서 처음에 당혹스러웠다.

나는 내용을 다 쓴 후에도 한두 번 다시 읽어보고 필요 없는 말이나 단어, 표현 등은 수정한다. 맞춤법이 틀린 것도 잡아낼 수 있다. 문단의 구성도 확인하고 전달의 핵심이 잘 드러나는지도 퇴고해 본다. 글의 뉘앙스도 다시 본다. 간혹 거절 메일을 보내거나 안 좋은 내용을 쓸 때 더욱 그러하다. 서로 얼굴 보며 말로 하기엔 힘든 것을 전달하기 위해 글은 쉬운 대안이 되지만 그만큼 오해를 사기도 쉽기 때문에 조심해야 한다. 보는 사람의 편의를 위해 볼드체를 쓰거나 색상으로 강조하는 경우도 있다. 이것도 너무 과하면 '뭣이 중헌디'라는 생각을 줄 수도 있으니 남용 금지. 다시 한번 말하지만 누가 읽을 것인가 잘 생각해 보고 내용을 채우도록 하자.

이모티콘

워낙 모바일 메시지를 많이 주고받고, 이모티콘·스티커를 사용하는 빈도가 높기 때문에 대화에서 내 느낌을 나타내는 것은 중요하다.

그러나 비즈니스 이메일은 특성상 '드라이'할 수밖에 없다. 그것을 피하고 싶다고 이모티콘을 남발하는 것은 보낸 사람의 수준을 깎아 먹는다. 효과적으로 이모티콘이 사용되는 경우도 있겠지만 업무 이메일에서 필요한 경우는 그렇게 많지 않을 것이다. 동기나 친한 사이에 편하게 사용하는 경우는 상관없겠으나 상사에게 이메일 보낼 때 이모티콘은 가급적 지양하자.

회신(회송)

회신이나 회송할 때 최초 내용을 삭제하고 내 얘기만 쏙 보내는 경우가 있다. 간혹 그런 이메일을 참조 받으면 좀 생뚱맞다. 애초에 무슨 내용이 있었길래 이렇게 회신했을까 궁금해진다. 이메일은 그 자체가 기록이기 때문에 아무리 많은 Re: Re: Re: Re:가 달린다 해도 원래 내용을 지우면 곤란하다. 원본은 늘 살려두어야 한다.

참조

업무 이메일에서 수신과 참조는 차이가 크다. 나는 참조를 '직접 이 일을 수행하지는 않지만 관련 내용을 알고 있어야 하는 사람' 정도로 정의한다. 그래서일까, 일단 내가 수신인에 들어가지 않고 참조에 있으면 이메일 내용에 상대적으로 부담이 덜하다. 직접 수행하거나 이해관계가 있는 사람은 참조가 아니라 수신인이 될 것이다. 내용 전개에 따라 예전에는 참조가 아니던 사람을 참조시켜야 하는 경우도 생길 수 있다(타 팀 담당사원 또는 직속 상사 등). 참조만 잘해줘도 원만하게 일이 진행될 수 있다. 이메일을 보내면 참조했던 사람은 쏙

빼고 회신하는 경우도 겪어봤다. 의도적이라기보다는 실수인 경우가 많았다. 참조자는 가급적 늘 포함시켜서 보내주자.

서명

언젠가 종교적 내용을 회사 이메일 서명에 쓰는 동료가 있었다. 어느 날 그 부분에 대해 말해 주었더니 무엇이 문제냐고 묻는다. 개인의 신념 정도는 쓸 수 있는 것이 아니냐는 것이다. 나는 그것은 마치 보고서 맨 뒷장에 종교적 내용을 쓰는 것과 같은 것이라고 설득했다. 개인의 신념도 중요하지만 그것이 회사 이메일에 드러날 필요는 없다. 이메일은 공식 서류와 마찬가지고 꼭 필요한 내용만 있어야 하는 에센스에 해당한다. 그러니 간결한 이메일을 위해서라도 서명 역시 간단하게 하는 것이 적합하다. 내 신분, 소속, 연락처 정도면 충분하다.

부재중

Auto-reply 정도는 해두자. 특히 출장이나 휴가 등 4~5일 가까이 자리를 비울 때는 반드시 그러길 바란다. 지난주 문의 메일을 보냈는데 아무 대답이 없길래 궁금해서 일정 체크를 해보니 현재 휴가 중이었다. 회사 이메일에 휴가 기간을 설정하면 out-of-office 자동 회신이 되는데 말이다. 설마 이런 기능을 모르고 있었다면 그것도 난감한 일이다. 참조해 준 팀장님까지 담당자가 휴가 중이라는 말을 안 해주고 있으니 문의를 한 나는 더더욱 어려운 상황을 겪은 적이 있다.

이메일을 받으면 회신해 주자.

이메일의 내용에 관심이 없을 수 있다. 관심은 있어도 현재 신경 쓸 여력이 없을 수도 있다. 이건 인정한다. "제안 감사하지만 필요 없습니다"라는 대답 한 줄 해주기 어려울 만큼 바쁜 상황일지? 그리고 제발 읽씹(읽고 대답하지 않기)은 하지 말았으면 한다. 해외 근무하면서 외국인들과 이메일을 주고받는 일이 자주 있다. 그들에게서 한 수 배운 것이 있다. 아무리 짧게라도 꼭 회신을 해준다는 것이다. '내가 너의 이메일을 확인했다'라는 의미로 답장을 주는 것은 배울 점이다.

동료를 위한 작은 배려가 함께 일하고 싶은 사람을 만든다.

이렇게 장황하게 비즈니스 이메일에 대해 얘기했지만 정작 나도 종종 실수를 한다. 실은 어제도 내가 쓴 메일의 미묘한 뉘앙스 때문에 큰 곤란을 겪었다. 업무상 이메일이므로 형식을 잘 갖추는 것, 중요하다. 하지만 늘 마지막은 그 내용을 다시 검토해 보아야 할 것이며, 절대 급하게 '발송' 버튼을 누르지 말자. 조금만 여유 있게 회신해도 그렇게 늦지 않다.

인상적인 발표자가 되어보자

얼마 전 사내에서 지난 8~9개월간의 활동 결과를 발표하는 기회가 있었다. 발표자로 선정되어 열심히 했고 다행히 수상의 영광도 안았다. 개인의 성과가 아니라 팀 성과라서 더 잘해야 한다는 부담이 좀 컸는데 결과가 좋아서 기뻤다. 그동안 여러 가지 발표 경험이 있었는데 한 번은 발표 준비에 대해 정리해보면 좋겠다는 생각을 했었다. 일종의 가상 인터뷰를 준비했다. 도움이 되면 좋겠다.

수상을 축하한다

고맙다. 오래간만에 여러 사람 앞에서, 그리고 큰 강당에서 발표라 약간 긴장되었다. 무사히 잘 마치기만 한다면 다행이라고 생각했다.

수상을 예상했는지?

자료를 제출하고 발표장에서 잘 시연되는지 확인하는데, 운영진에서 '수상각'이라고 하더라. 사실 나도 다른 발표 내용을 현장에서 확인하였기 때문에 수상 여부를 가늠할 수는 없었다. 다만 앞선 발표자들의 내용을 듣다 보니 잘하면 받을 수 있겠다는 생각이 들었다. 다만 내가 발표에서 의도했던 내용으로 수상하지 않은 점이 의아했다.

무슨 말인가?

우리 발표의 핵심은 사전 활동을 통해 얻은 인사이트를 바탕으로 새롭고 참신한 솔루션을 제안하는 것이었다. 그래서 참신함을 인정받아 솔루션상을 기대했는데 정작 인사이트상을 받았다. 그래서 수상자 발표했을 때 이름을 듣고도 어? 하는 생각이 제일 먼저였다.

어쨌든 받았으면 되는 것 아닌가?

아니다. 사실 이번 발표에서 배운 점이 있다. 내 의도를 선명하게 전달하려고 했는데 그게 제대로 전달이 안 된 것이다. 오히려 자료와 발표 내용에서 내가 의도하지 않은 다른 점들이 부각된 셈이다. 나중에 다른 사람들 말로는 내 발표에서 "인사이트도 좋았어요"라고 하더라. 나도 모르는 사이에 방점을 다른 곳에 찍은 것 같다. 당시 심사기준과 점수를 알지 못해 못내 아쉽다. 내 발표 기술이나 전달력에 대해 다시 한번 생각해 볼 수 있게 되었다.

특별히 기억에 남는 발표가 있다면?

해외연수와 시상금을 두고 연말에 큰 발표회가 늘 있다. 입사하고 7년 만에 그런 큰 자리에서 발표할 기회가 생겼다. 당시 운이 좋았다. 해마다 발표 아이템이나 상대 발표자의 운도 따라야 한다.

원래 발표할 때 리허설을 잘 안 하는 편이다. 개인적인 발표 준비는 물론 있지만, 다른 사람을 앞에 두고 같은 말을 반복하는 것을 무척 싫어한다. 준비했던 애드립을 리허설 당시에 써먹으면 발표하기도 전에 맥빠지는 느낌이랄까. 그런데 이 발표는 중요하기도 했고 팀성과, 여러 사람의 노력이 함께 들어간 것이라 여러 번의 리허설, 수차례의 자료 수정을 거쳤다. 아마 가장 열심히 준비했던 발표가 아니었나 한다.

한 편으로 아쉬운 사례도 있다. 3년 전쯤 갑자기 과제를 맡으면서 연말 발표 기회를 얻은 적이 있다(고 하기엔 '너가 해'로 지정되었다가 맞는 표현이다). 게다가 회사 오너와 임원들이 주요 청중이었다. 문제는 원래 하던 분야의 일이 아니었는데 과제 리더로 발탁된 것이다. 당연히 내용에 대해 이해가 무척 부족했고, 나만의 시각도 없이 그저 내용만 외워서 발표했다. Q&A 시간에 받은 질문에 제대로 답도 하지 못했다. 내 인생에서 가장 부끄러운 발표였다고 본다. 시간을 돌린다면 다시 잘 준비해서 하고 싶은 마음이다.

발표를 준비하면서 가장 신경 쓰는 것은 무엇인가?

스토리 라인이다. 어떤 발표든 스토리가 구성이 잘 맞아야 한다. 중간성과 발표일지라도 마찬가지다. 그래야 사람들에게, 심사위원에게, 평가자에게 어필할 수 있다. 좋은 내용이지만 전체 구성에 맞지 않는 요소는 과감히 빼기도 한다. 정말 넣고 싶다면 그 내용을 위해 스토리를 다시 구성하거나 필요한 부분만 재배치하는 경우도 있다.

개인적으론 발표에 늘 적당한 재미 요소를 추구한다. 물론 발표 자리의 경중에 따라, 대상자의 이해도와 관여도에 따라 내용은 수정한다. 한때는 좀 어린 친구들이나 대학에 회사 홍보 강의 등을 가면 김성모 화백의 그림들을 쓴 적도 있다. 잠깐이라도 재미있는 장면과 멘트들이 있어야 주의가 환기된다. 내 자료에 다양한 사람들을 모두 집중시키는 것은 어렵다. 최근에 본 어떤 글에서는 불특정 다수의 대상일 경우 어떤 특정한 타깃군을 정해서 발표자료를 구성하는 것도 좋다고 하더라. 한두 사람에게라도 공감을 일으키면 된다는 것이다. 의미 있는 조언이라고 본다. 모두를 만족시킬 필요는 없다.

예를 들어 연말 성과발표이고 주요 청중이 직속 상사라고 생각해보자. 그 상사가 좋아하는 내용, 이해를 잘하는 부분, 적합한 표현 등이 반드시 있다. 그런 걸 적극적으로 활용해야 한다. 같은 내용이라도 전략적으로 내용을 선정하고 스토리를 구성해야 한다. 연구직이니까 연구 결과만 충실하게 넣으면 된다? 아니다. 내 결과가 남들보다 더 돋보이고 인상적일 수 있도록 세일즈할 생각은 왜 안 하나. 연구자의 양심 문제가 아니라 회사원으로서 나의 가치를 높이기 위한 것이다.

마지막으로 적절한 애드립이다. 사실 이 부분을 꽤 중요하게 여긴다. 무심히 던지는 것 같은, 준비되지 않은 말처럼 보이지만 적절하게 먹힐 수 있는 표현을 한두 개는 꼭 마련한다. 발표 현장에서 급조하는 경우도 있다. 앞선 사람의 내용을 반영해서 내 발표에도 연결시키는 것이다. 그러면 굉장히 현장감이 살아난다. 미리 준비했다가도 기조와 맞지 않거나 청중 분위기가 별로라면 하지 않는 경우도 있었다. 반응을 살펴 가며 던져야 제대로 작동하는 것이므로 무조건 준비한 말은 다 해야 한다고 생각하지 않는다.

사내에서 발표할 때 가장 중요한 것은 무엇이라고 생각하나?

청중의 성격 파악이다. 이 얘기는 여러 번 듣기도 했지만 가장 크게 동감하는 부분 중 하나다. 그리고 언젠가 선배와 얘기하다가 적어 놓은 것이 있어 소개하고 싶다. 자잘한 내용보다 나만의 인사이트를 주어야 한다. 물론 주요 청중이 기술에 대한 이해가 높은 연구원들이라면 상세하게 소개할 수 있다. 그래야만 하는 자리도 있다. 반대로 임원이나 마케터와 같은 경우엔 눈높이를 낮춰서 쉽게 설명해 줘야 한다. 그러므로 세부적인 기술 자체보다는 이 기술이 개발되면 어떤 임팩트와 제품으로 연결되는지에 더 초점을 맞추는 것이 더 맞다. 이는 결국 비즈니스 관점에서 어떤 파괴력이 있는가를 전달해 주는 '큰 그림'이다. 이런 성격의 발표 기회를 잘 살리면 '일 잘하는' 사람으로 인식되기 마련이다.

연구자들은 조금 과장하거나 비유하는 능력이 부족하다. 있는 그대로를 담백하게 전달하는 게 미덕이라고 여긴다. 윗분들에게는 좀 더 이해하기 쉽게 비유나 상징적인 표현들을 쓰면 더 좋다. 발표 내용엔 그런 것이 없더라도 적당한 멘트를 구사해 주면 도움이 된다.

꿀팁을 전수해 줘서 고맙다. 기타 조언해 주고 싶은 것이 있다면?

발표장의 특징을 미리 파악해 두면 좋겠다. 리모트를 이용해서 앞뒤를 넘기고 포인터를 쓴다면 어떤 버튼이 어떤 기능인지 사전에 파악해 둬라(앞선 발표자에게 미리 물어보는 것도 좋다). 간혹 버튼을 잘 못 눌러 "시작하겠습니다"라고 했는데 프레젠테이션이 중단되는 경우도 있다. 작은 실수지만 전체 발표의 완성도에는 치명적인 약점이 된다. 발표자가 환경을 얼마나 잘 숙지하고 들어가느냐는 중요하다.

이번에 수상한 발표에도 주변인의 도움이 컸다. 내 발표 전에 카톡이 오더라. 뒷자리에서 마이크 소리가 잘 안 들리니 입에 잘 붙이고 말해달라는 조언이었다. 이런 것은 참 고마운 경우다. 조언을 잘 챙겨 들었고 그래서인지 많은 사람들이 '귀에 쏙쏙 들어오는' 발표였다고 피드백을 주었다. 팀을 이루어서 하는 발표와 준비라면 다른 사람들에게 현장 상황을 물어보는 것도 발표할 때 도움이 될 것이다.

마지막으로 쇼맨십이다. 무대를 즐기면 좋겠다. 어차피 발표할 것이라면 '듣는 사람도 즐겁게, 하는 사람도 즐겁게' 이게 내가 추구하는 발표의 컨셉이다.

나가며

저는 사무실의 제 자리를 좋아합니다. 자리가 넓거나 유난히 아늑하다거나 하는 그런 이유가 아니라요. 고개를 90도로 놀리면 눈에 들어오는 계절의 풍경 때문입니다.

한 7년 전인가요. 제가 작년까지 쓰던 자리에 앉은 신입 사원에게, 그 자리에 앉으면 하나 좋은 점이 있다고 얘기해 준 적이 있습니다. 그건 바로 창문 앞에 보이던 색깔이 참 곱던 자목련이 있었던 까닭이지요.

그 얘기를 해주었을 때 어느 누구도 그런 말을 해준 적이 없다며

저에게 감사를 표하던 후배의 모습이 생각납니다. 볕이 잘 들지 않는 곳이라 다른 곳에 피는 목련들에 비해 늦게 꽃이 피고 느지막이 지곤 했습니다. 그래서 남들은 이미 보내버린 봄의 짧은 정취를 오랫동안 남몰래 즐기기도 했지요. 점심을 먹고 식당에서 돌아오는 길에 눈길 한 번 더 주기도 했고요. 지금은 그 자리가 아스팔트로 덮여 있습니다. 나만의 낭만을 잃어버린 것이 슬픕니다.

사실 이 얘기에는 저 역시 선배의 영향이 있었습니다. 오래전에 그만두신 원장님이 언젠가 아침 조회에서 하신 말씀이 있습니다. 정확한 내용은 기억나지 않지만 여기저기 피어난 봄꽃들을 보며 그걸 즐기라는 것이었던 것 같습니다. 사회 초년생이었던 당시, 잘 알지도 못하던 그분이 무척 멋지게 보이더군요.

두고두고 그분의 그때 모습이 생각납니다. 우리에게 직장이란, 삶이란 무엇인지도 생각해 보게 됩니다.

미세먼지로 뿌옇던 하늘이 오늘은 좀 맑아 보이네요.

부족했던 볕과 온기를 담아 오늘은 아마 목련이 힘차게 꽃을 피울 것 같습니다. 아무리 바쁘고 정신없어도 봄이 오는 것을 즐길 여유는 있어도 되지 않을까요?

나는 연구하는
회사원입니다

초판 1쇄 발행 2020년 06월 10일

지은이 나용주
펴낸이 곽유찬

기획·편집 손승겸
디자인 시여비

펴낸곳 레인북
등록 2019년 5월 14일 제2019-000046호
주소 서울시 마포구 백범로 31길 21 서울복지타운 1층 서울시50플러스
　　　중부캠퍼스 공유공간 힘나
전화 010-9013-9235 팩스 02-704-8350
대표메일 lanebook@naver.com

인쇄·제본 (주)상지사

ISBN 979-11-967269-2-8 (03000)

이 도서의 국립중앙도서관 출판예정도서목록(CIP)은 서지정보유통지원시스템 홈페이지(http://seoji.nl.go.kr)와 국가자료종합목록 구축시스템(http://kolis-net.nl.go.kr)에서 이용하실 수 있습니다. (CIP제어번호 : CIP2020021205)